U0012524

開啓智慧的菩薩

文殊菩薩小百科

橡樹林

出版序

文殊菩薩是佛教中的「麻辣鮮師」！

　　親近佛法世界有很多種路徑，有的喜歡探索佛法思想的軌跡，懾服於義理的深奧；有的喜歡禪思，追求清淨生活；也有人熱衷於參加法會，聽聞開示來獲得身心安定。如果你是佛法的門外漢，或是佛門新鮮人，那麼，從認識佛菩薩而進入佛法世界，是一條有趣又充滿驚奇的路徑。

　　探尋文殊菩薩的過程，便充滿了這樣的驚奇與樂趣，例如：

　　文殊號稱「智慧第一」，他的智慧到底有多深？他與另一位也號稱「智慧第一」的佛陀弟子舍利弗的智慧有何不同？

　　據說文殊經常直接挑戰釋迦牟尼佛，且不贊同他的教法？到底他們的差別是什麼？

　　文殊最有名的故事是提劍殺佛，以及在夏安居僧團修行期間與妓女廝混，智慧的菩薩為何會做出這麼離譜的事？

　　文殊既然很有智慧，為什麼還曾經下地獄受苦？

　　文殊到底是比丘還是菩薩？為什麼佛陀的大弟子大迦葉要把他逐出佛門？

　　文殊的最佳拍檔是特立獨行的維摩詰居士，他倆如何一搭一唱，演出了膾炙人口的《維摩詰所說經》傳奇？

　　為什麼中國歷代帝王都崇尚文殊菩薩？傳說清朝乾隆皇帝是文殊菩薩的化身，這又是怎麼一回事？

　　西藏的大威德金剛是文殊菩薩化現的？為什麼他要把自己搞得恐怖兮兮的？

　　從這些有趣的探討，能一窺大乘佛法誕生的軌跡，令人讚嘆於大乘法義的精妙。而從文殊的足跡，也可得知佛教思想的傳播與影響。

　　綜觀來說，本書所呈現的文殊菩薩有三個重要性：

1.文殊是智慧的象徵

　　佛教有兩大核心教法：慈悲與智慧。大家所熟悉的觀音菩薩是「慈悲」的象徵，代表人性中慈和善良的光輝；而文殊菩薩則是「智慧」的

象徵，代表勇於追求生命真理而獲得解脫的美好精神。透過文殊與觀音，使人們了解大乘佛法的精髓。

文殊菩薩，是大乘佛教最古老的菩薩之一，他是諸佛之師，也是勇於追求究竟真理的勇士。他帶給眾生最好的禮物，就是彰顯「諸佛的智慧」，以及永保年輕、活力、勇往直前的精神。

2.文殊是大乘佛法興起與開展的關鍵角色

西元一世紀，大乘佛教興起於南印度，開展了嶄新的視野與氣象，在發展過程中，文殊是重要且關鍵的角色：

從義理來看，文殊提出「不二法門」來詮釋「空」，說「煩惱是菩提」，將煩惱變成為入佛道的法門。從修行來看，文殊教導善財童子參訪善知識，走入人群，說明修行不再是個人的事，而是與周遭的眾生、所處的世界發生關聯，且在任何情境中都能修行。開放的、生活化的大乘，終於取代小乘而成為印度佛教的主流思潮，後來更流傳到世界各地。文殊的表現，無異是初期大乘最亮眼的一顆明星。

3.文殊展現佛法直接犀利與自由寬廣的一面

風格獨具、角色鮮明的文殊，宛如佛教裡的「麻辣鮮師」。最初，他以比丘身分出現，種種菩薩行為與比丘身分極為矛盾，也與小乘的僧團產生了嚴重的衝突，從中突顯了小乘的侷限，也帶出大乘的寬廣。

文殊說法直接犀利，他堅持要說就要說直指人心的深法，往往語不驚人死不休，完全不按牌理出牌，令聽者驚駭不已，卻也開啓了弘法的另一扇方便之門！

文殊擁有超越小乘的智慧，度眾時又遠比大乘其他菩薩來得活潑，充滿了令人驚嘆的創意，實是位辯才無礙、智慧第一的大菩薩。

文殊的出現，讓我們看到佛法直接而自由的一面。你想認識這樣的文殊嗎？

目 錄

圖解文殊──如何辨識文殊造像？

來看文殊

文殊菩薩，全名為「文殊師利菩薩」，是一位古代的佛陀，也是古老的菩薩，他帶給眾生最好的禮物就是彰顯「諸佛的智慧」，以及為追求生命真理而永遠保持年輕、勇往直前的菩薩精神。

諸佛智慧的象徵

文殊菩薩是一位古代的佛陀，

他曾立下誓言，以充滿智慧而始終年輕的菩薩身軀，遍及全宇宙。

他身肩特殊的任務，負責引導佛陀的信徒們，

探索自身並追求真正生命的本質。

文殊通常被描繪成持有《般若心經》與雙刃的智慧劍，代表擁有佛陀的智慧。

這把劍具有分析識別的力量，可斬斷所有的無明迷惑，

經書則是代表佛陀完美的智慧，都是文殊菩薩的重要辨識特徵。

文殊菩薩的手印和持物

與願印（varada mudra）
象徵「能施予信徒願望」。

辨識印（vitarka mudra）
象徵「能勸服信徒改變或悟道」。

《心經》（Prajnyaparamita）
象徵「智慧」。

智慧劍（khadga）
象徵「能摧毀眾生愚癡」。

蓮花（padma）
象徵「純潔不染」或「眾生本具的佛性」。

文殊菩薩
13 世紀　西藏中部

文殊菩薩有著黃金色身軀，採禪定坐姿，面容優雅，細長眉眼，嘴角微微上揚，是典型的「寂靜相」。頭戴華麗寶冠，裸上身，下身穿著短裙，大圓耳飾、頸鍊、臂飾、腕環、足環等飾身，可說全身上下戴滿珠寶瓔珞，這是典型的「菩薩裝」，也就是釋迦牟尼出家前的太子裝扮。他的右手結「與願印」，並持一朵藍蓮的莖梗，而蓮花上盛載智慧小劍。揚起的左手結「辨識印」，同時握著另一朵藍蓮的莖梗，而藍蓮上盛載一本象徵完美智慧的《心經》。
（陳宗烈攝）

這幅十三世紀的西藏古老唐卡，清楚表現了文殊菩薩的身分與任務。

中央主尊文殊菩薩兩旁各站著一位隨從菩薩，

右邊是白色的蓮花手菩薩，左邊是綠色的金剛薩埵。

唐卡最上方一排繪有七位穿僧袍的佛，象徵過去七佛。

最下方畫有五尊不同形式的文殊菩薩，

以及中央主尊文殊的左右上方也各有一尊文殊，加起來共有七尊文殊，

象徵文殊菩薩帶給娑婆世界眾生七種不同的智慧功課。

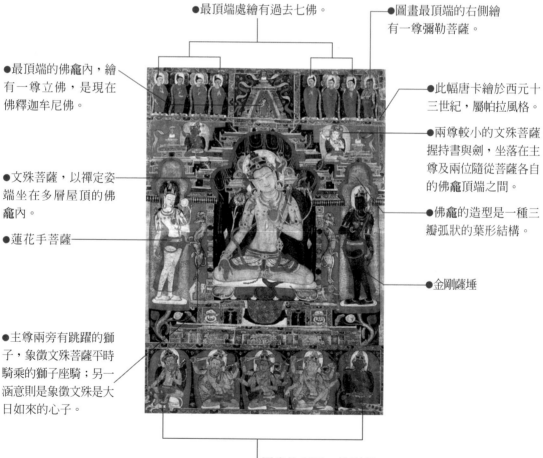

●最頂端處繪有過去七佛。

●圖畫最頂端的右側繪有一尊彌勒菩薩。

●最頂端的佛龕內，繪有一尊立佛，是現在佛釋迦牟尼佛。

●此幅唐卡繪於西元十三世紀，屬帕拉風格。

●兩尊較小的文殊菩薩握持書與劍，坐落在主尊及兩位隨從菩薩各自的佛龕頂端之間。

●文殊菩薩，以禪定姿端坐在多層屋頂的佛龕內。

●蓮花手菩薩

●佛龕的造型是一種三瓣弧狀的葉形結構。

●金剛薩埵

●主尊兩旁有跳躍的獅子，象徵文殊菩薩平時騎乘的獅子座騎；另一涵意則是象徵文殊是大日如來的心子。

●圖畫的底層，排列著五種形式的文殊菩薩。

文殊菩薩唐卡
13世紀 西藏中部地區
此圖為 1970 年代陳宗烈先生攝於西藏布達拉宮的珍藏品。

隨從菩薩

藍膚的金剛薩埵和白膚的蓮花手菩薩站立在主尊文殊菩薩的兩側。他們身著菩薩裝，「三屈式」身軀表現，姿態優雅，豐胸細腰，裸上身，著短褲，是典型帕拉風格。

蓮花手菩薩（左圖）

梵語Padmapani，原意是手持蓮花者，白膚居多。左手持蓮莖，蓮花綻開於左肩；右手施「與願印」，姿勢以立姿為多。

金剛薩埵（右圖）

梵語Vajrasattva，其中Vajra一詞是「金剛或金剛鑽」，代表世界最堅硬的東西，引申為「佛法堅不可摧」；sattva一詞代表「有情」或「眾生」，因此，金剛薩埵兩字合起來的意思是「具有金剛本質的眾生」。他的左手持金剛鈴（腰腿處），右手持金剛杵（胸前），分別象徵智慧與慈悲，兩手不相交，象徵擁有慈悲與智慧的本質。常見的姿勢是坐姿，此處的立姿是較少見的型態。

兩位隨從身著菩薩裝，他們的穿著打扮與主尊文殊菩薩非常接近，不同之處只在於下身穿著短褲，以及腰間圍著一件紅色透明的薄紗裙。雖然菩薩是沒有性別的，卻展現出儀態萬千的優雅身姿。繪畫藝術也能反映現實生活樣貌，從這幅圖可以看見當時印度社會流行的衣著與裝扮。

三世諸佛

唐卡最頂端處繪有三世諸佛，也就是過去七佛（也有過去六佛之說）、現在佛釋迦牟尼佛與未來佛彌勒菩薩。這就是描繪了大乘經典所說文殊菩薩曾經是釋迦牟尼佛以及過去諸佛的老師。

過去七佛以及未來佛彌勒菩薩身後都伴隨著一棵樹，而釋迦牟尼佛則站立在舍利塔中。根據佛經記載，過去佛分別在不同的樹下修行而覺悟，例如：毘婆尸佛坐波羅利華樹下（即波吒釐樹），尸棄佛坐分陀利樹下（即白芒果樹），毘舍婆佛坐娑羅樹下，拘樓孫佛坐尸利沙樹下（即洋槐、刺槐），拘那含佛坐烏暫婆羅樹下（即無花果樹），迦葉佛坐尼拘律樹下（即榕樹），而釋迦牟尼佛則是坐菩提樹下成佛。

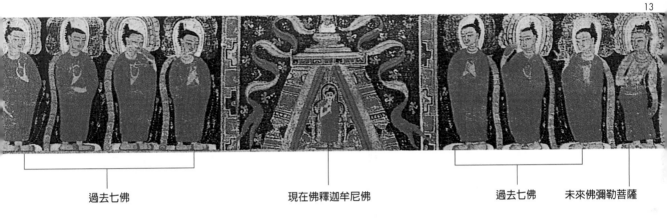

過去七佛　　　　　　　現在佛釋迦牟尼佛　　　　　　過去七佛　　未來佛彌勒菩薩

七尊文殊

唐卡的底層，排列著五種形式的文殊菩薩，由左至右分別是騎獅文殊、四臂文殊、兩位六臂文殊和紅文殊。另有兩尊較小的文殊菩薩握持《心經》與寶劍，坐在主尊及兩位隨從菩薩各自的佛龕頂端之間，共有七尊文殊，代表七個文殊修持法。

來看文殊 *2*

文殊菩薩的足跡

文殊菩薩起源於西元一世紀左右印度早期的大乘佛教。

西元二世紀以後，隨著大乘佛教的經典傳入中國，

文殊菩薩來到了中國，隨後並向韓國、日本、蒙古等東亞地區傳播。

西元八世紀，隨著印度金剛乘傳入了西藏地區，文殊菩薩也來到了西藏，

蒙古文殊

喀什米爾文殊

西藏文殊

阿富汗

喀什米爾

巴基斯坦

尼泊爾

不丹

印度文殊

印度

孟加拉

緬甸

寮

泰國

阿拉伯海

印度洋

馬來西亞

斯里蘭卡

成為藏傳佛教重要的菩薩信仰。

因此，包括中國、日本、韓國、蒙古等東亞地區，

以及西藏、尼泊爾等地區，

都可見到文殊菩薩的足跡，並有各自的信仰面貌與造像發展。

中國文殊

日本文殊

韓國

日本

中國

台灣

太平洋

菲律賓

印度的文殊菩薩

西元一世紀的大乘經典裡已記載了許多文殊事蹟，

此後，印度人雖信仰文殊，為文殊塑像，

不過目前遺留下來並能清晰辨識的文殊菩薩像，

卻要到等西元八世紀帕拉王朝以後了。

右圖「文殊菩薩與閻曼德迦」浮雕，便是帕拉時期難得一見的文殊造像。

身著菩薩裝的文殊菩薩以遊戲姿坐在蓮花寶座上，左側蹲著閻曼德迦（Yamataka）。

這件浮雕透露了以下三項重要訊息：

❶ 顯密融合

帕拉王朝的佛教特色是顯密並重，這尊造像展現出大乘（顯）與金剛乘（密）造像的融合，代表大乘的是文殊，代表金剛乘的則是蹲踞一旁的忿怒尊閻曼德迦（或稱大威德金剛）。

❷ 出現忿怒尊

金剛乘佛教的另一特色是出現忿怒姿態的護法神，稱為「忿怒尊」。閻曼德迦就是文殊菩薩的忿怒尊，負責護衛佛法並協助教化工作。在此可以看見，閻曼德迦作為金剛乘佛教忿怒尊神祇的初期樣貌。

❸ 帕拉風格

帕拉風格指的是八世紀中至十二世紀末的帕拉王朝（Pala Dynasty，750-1150）時期，其美術風格稱為「帕拉風格」。此時期的佛教造像滲入了大量印度教的元素，引進印度教的護法神，出現了多首多臂的菩薩像以及忿怒姿態的神像。裝飾則是極盡華麗繁縟，大量採用尖拱、火焰等紋飾。此浮雕出現的火焰紋以及忿怒神祇閻曼德迦的出現，就是帕拉風格的表現。

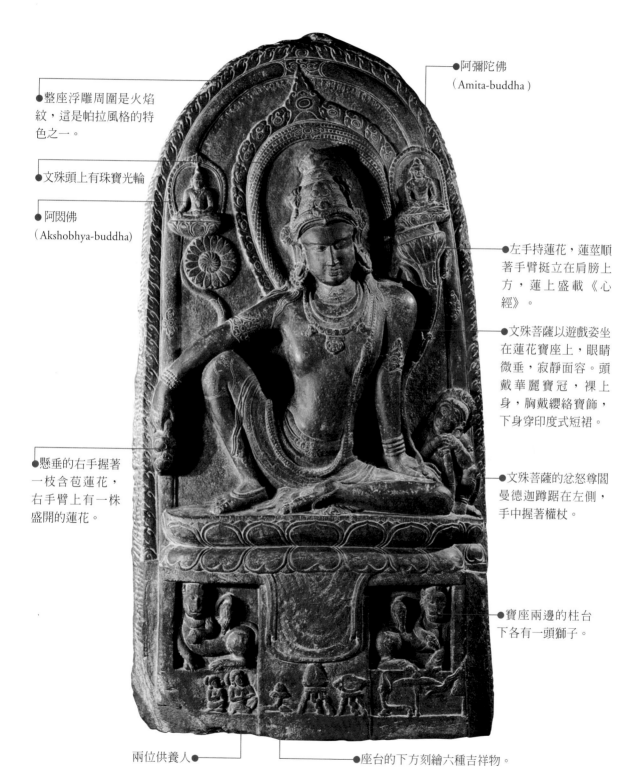

●整座浮雕周圍是火焰
紋，這是帕拉風格的特
色之一。

●文殊頭上有珠寶光輪

●阿閦佛
（Akshobhya-buddha）

●阿彌陀佛
（Amita-buddha）

●左手持蓮花，蓮莖順
著手臂挺立在肩膀上
方，蓮上盛載《心
經》。

●文殊菩薩以遊戲姿坐
在蓮花寶座上，眼睛
微垂，寂靜面容。頭
戴華麗寶冠，裸上
身，胸戴纓絡寶飾，
下身穿印度式短裙。

●懸垂的右手握著
一枝含苞蓮花，
右手臂上有一株
盛開的蓮花。

●文殊菩薩的忿怒尊閻
曼德迦蹲踞在左側，
手中握著權杖。

●寶座兩邊的柱台
下各有一頭獅子。

兩位供養人●

●座台的下方刻繪六種吉祥物。

文殊菩薩與閻曼德迦　約 10 世紀　東印度地區　（蘇富比提供）

西藏的文殊菩薩

在西藏，人們稱文殊菩薩為「江白漾」（jam pal yang），意思是「妙吉祥」，

並且賦予他重要任務──卓越智慧的代表。

藏傳佛教認為要達到解脫的快樂境界，必須具備三個條件：慈悲、智慧與伏惡的力量。

文殊便是具備卓越智慧而又永遠年輕的菩薩，

他和代表慈悲的觀音、伏惡的金剛手，都是來到我們這個娑婆世界教導眾生的英勇菩薩，

引導人們走向成佛之道，因此西藏人尊崇他們為「三族姓尊」。

西藏人對文殊菩薩的尊敬是崇高的，

歷史上諸多英明君主與大成就者，都是文殊菩薩的化身，

來向世人彰顯文殊所傳遞的智慧。

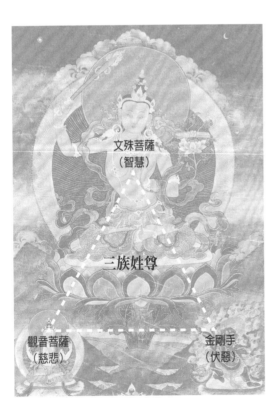

觀音菩薩

1面4臂，白膚，禪定坐姿，持物有摩尼寶珠、蓮花和念珠。

文殊菩薩

1面2臂，金橙膚，禪定坐姿，左手持蓮莖，蓮花盛開在左臂上方，蓮上盛載著《心經》，右手持智慧寶劍。

金剛手

1面2臂，藍膚，忿怒相，有第三隻眼，戰鬥姿，左手施「期剋印」（karana mudra，指催眠迷惑對方的手印），右手持金剛杵是重要特徵。

文殊菩薩唐卡　18世紀　（鄭松璧提供）

中國的文殊菩薩

文殊菩薩在西元二世紀隨著大乘經典傳入而來到中國，並逐漸成為普遍信仰。

中國的信徒為他找了一位夥伴——普賢菩薩。

他們兩位，一個是諸佛智慧的代表，一個是實踐力量（行願）的代表，

因此，中國人稱他二人「智行合一」，是勇於追求佛法真理的信仰者所需具備的條件。

這兩位菩薩的淵源來自於《華嚴經》，毗盧遮那佛和文殊、普賢演繹了一個莊嚴璀璨的華嚴世界，

中國信徒很注重《華嚴經》，因此他們三位被稱為「華嚴三聖」。

文殊、普賢二菩薩成組出現，最早始於西元八世紀末唐朝，即《華嚴經》第三次翻譯之際。

他們經常被刻畫在中國寺院、石窟藝術裡，在第十至十三世紀間的影響力到達頂點。

奉先寺露天佛龕局部
7-8世紀初（唐代） 河南龍門石窟

中央主尊是毗盧遮那佛，兩旁分別站立穿著僧服的大迦葉、阿難兩大弟子，以及穿著菩薩裝的文殊、普賢二菩薩。龍門石窟是唐代石窟的代表，充分表現了唐代佛像特色：面容圓滿，身形豐肥，兩耳下垂。其中，毗盧遮那佛坐像高達17.14公尺，是龍門石窟最大的佛像。（王露攝）

普賢菩薩　阿難　毗盧遮那佛　大迦葉　文殊菩薩

這是甘肅敦煌石窟榆林窟的一組壁畫，猜得出誰是文殊菩薩？誰是普賢菩薩嗎？

西元八世紀末，也就是中唐時期，文殊與普賢二菩薩便經常成組出現在敦煌石窟裡。文殊騎鬃毛白獅，左手持如意，右手做辨識印；普賢騎六牙白象，左手持經書，右手也是做辨識印。菩薩身旁各有隨從菩薩手持幢幡，幢幡隨風輕輕飄動。座騎白獅、白象足踏蓮花，邁開四肢昂首怒吼，前有牽引的黑臉崑崙奴（或說是西域優填王）。

普賢菩薩、文殊菩薩
8-9 世紀（中唐）
敦煌石窟榆林窟第 **25** 窟西壁的南側、北側

文殊檔案
認識文殊的
50 種途徑

文殊菩薩是誰？

文殊菩薩是大乘佛教最古老的菩薩之一，是佛法「智慧」的象徵，位居諸菩薩之首。

相較於釋迦牟尼當初所創立的原始佛教，西元一世紀才登場的大乘佛教，它的重要特色是出現了諸佛思想與菩薩思想，即十方宇宙有諸佛與諸菩薩。而文殊菩薩和觀音菩薩、彌勒菩薩，都是大乘佛教裡最早出現的古老菩薩。在許多大乘法會裡，常可看見文殊菩薩的身影：有時以無礙的辯才與佛陀相互應答，開展出該經的經義；有時配合佛陀以「誇張」的手法，詮釋出令人驚嘆的奧妙義理。文殊菩薩的言行風格獨特、鮮明，常常是大乘經典中的關鍵人物。

如果我們詳加留意的話，會發現幾乎所有大乘經典裡都可看見文殊出席佛陀法會，曝光率之高，大概是眾菩薩第一了。「文殊菩薩」到底是何方神聖？這個角色代表著什麼意義？他的出現與大乘佛教又有什麼關係呢？

▌文殊菩薩的名號

文殊菩薩，全名「文殊師利菩薩」，梵文 Bodhisattva Manjusri 。Bodhisattva，音譯為「菩提薩埵」，簡稱為「菩薩」。其中，Bodhi 的意思是「覺悟」，sattva的意思是「有情」或「眾生」，因此，Bodhisattva的意思是「具有覺悟本質的眾生」，可引申為「覺悟的力士」。Manjusri，音譯為「文殊師利」或「曼殊師利」。其中，Manju的意思是「妙」，sri的意思是「吉祥」， 因此，Manjusri的意思是「妙吉祥」。

不過，在漢譯的佛教經典裡，我們可以看見文殊有很多不同的中文譯名，包括：1.妙德；2.妙首；3.普首；4.濡首；5.敬首 ；6.妙吉祥，這些名號指的都是文殊菩薩。

Bodhi sattva		**Manju sri**	
覺悟	眾生或有情	妙	吉祥

原義：具有覺悟本質的眾生
音譯：菩提薩埵
簡稱：菩薩

意譯：妙吉祥
音譯：文殊師利

▌最古老的菩薩之一

　　文殊菩薩是大乘佛教最古老的菩薩之一。在現存最古老大乘經典——東漢譯經家支婁迦讖所譯經典中，年代可考的最早一部經典：《道行般若經》（在般若經系統中屬於「小品」類）是由支婁迦讖於西元179年所譯，在第一卷〈摩訶般若波羅蜜道行品〉，經文一開始敘述著：「佛在羅閱祇耆闍崛山中，摩訶比丘僧不可計，諸弟子舍利弗、須菩提等。摩訶薩菩薩無央數，彌勒菩薩、文殊師利菩薩等。」我們可以看到，文殊菩薩即與彌勒菩薩同時出現。這比最早的觀音菩薩紀錄——西元185年，支曜所譯的《成具光明定意經》，還要更早一些。

　　《道行般若經》在支婁迦讖西元179年翻譯以前，已存在於印度，因此，文殊菩薩應在西元一世紀左右，也就是大乘佛教興起的初期，就已出現於印度。

▌象徵「智慧」的菩薩

　　大乘佛法常將抽象的佛法義理擬像化，以中國人所熟悉的「四大菩薩」來說，觀音代表「大悲」、普賢代表「大行」、地藏代表「大願」，文殊則代表「大智」，分別是四種修行願行、美德的象徵。其中，藉由「文殊」表達智慧及獲得智慧的途徑。

　　「智慧第一」的文殊菩薩，不論所展現的形象和說法的內容，都與「智慧」有著密切的關係。透過大乘經典戲劇性、文學性的故事情節與優美華麗的經文，文殊菩薩以特有的風格，詮釋大乘甚深的智慧，引導所有學佛者邁向成佛之道。

　　特別是在大乘佛教興起於印度之際，文殊法門是當時重要的思想主流，讓世人認識了有別於原始佛教的大乘法門，深深影響了後期佛教的發展。

文殊菩薩　西藏地區
文殊菩薩大約在西元一世紀左右出現，與彌勒菩薩、觀音菩薩都是初期大乘的菩薩。人們藉由文殊來表達諸佛智慧與獲得智慧的途徑。（有容古文物藝術提供）

◉ 四大菩薩與八大菩薩

　　大乘佛教世界裡的諸菩薩，都是向娑婆世界示現獨特的佛法屬性或德行的典範，目的在激勵眾生精進努力，追求生命的最高智慧，像「四大菩薩」、「八大菩薩」就是常見的佛法典範。

●四大菩薩

　　大乘佛教顯宗裡有「四大菩薩」：觀音菩薩、文殊菩薩、地藏菩薩及普賢菩薩，分別代表佛教悲、智、願、行的精神。中國四大名山：浙江普陀山、山西五台山、安徽九華山、四川峨嵋山，傳說是此四大菩薩應化的道場，長久以來，已是名震中外的名山聖地，朝聖者絡繹於途。其中，代表智慧的文殊菩薩是四大菩薩之首，五台山也是四大名山之首。觀音、文殊、地藏、普賢四大菩薩，因所發誓願不同，展現不同的教化風格，其所代表的「悲、智、願、行」，是學佛者效法的典範。

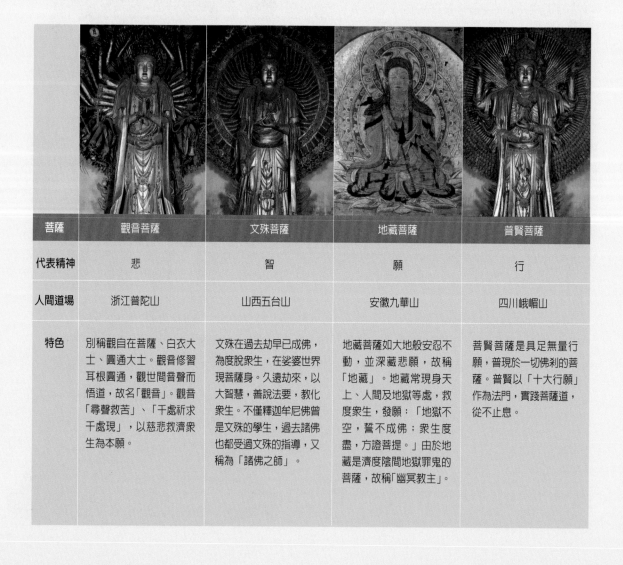

菩薩	觀音菩薩	文殊菩薩	地藏菩薩	普賢菩薩
代表精神	悲	智	願	行
人間道場	浙江普陀山	山西五台山	安徽九華山	四川峨嵋山
特色	別稱觀自在菩薩、白衣大士、圓通大士。觀音修習耳根圓通，觀世間音聲而悟道，故名「觀音」。觀音「尋聲救苦」、「千處祈求千處現」，以慈悲救濟眾生為本願。	文殊在過去劫早已成佛，為度脫眾生，在娑婆世界現菩薩身。久遠劫來，以大智慧，善說法要，教化眾生。不僅釋迦牟尼佛曾是文殊的學生，過去諸佛也都受過文殊的指導，又稱為「諸佛之師」。	地藏菩薩如大地般安忍不動，並深藏悲願，故稱「地藏」。地藏常現身天上、人間及地獄等處，救度眾生，發願：「地獄不空，誓不成佛；眾生度盡，方證菩提。」由於地藏是濟度陰間地獄罪鬼的菩薩，故稱「幽冥教主」。	普賢菩薩是具足無量行願，普現於一切佛剎的菩薩。普賢以「十大行願」作為法門，實踐菩薩道，從不止息。

●八大菩薩

大乘佛教另有「八大菩薩」之說，記載在《八大菩薩曼荼羅經》、《佛說八大菩薩經》，分別是：觀自在菩薩（即觀音菩薩女）、慈氏菩薩（即彌勒菩薩）、妙吉祥菩薩（即文殊菩薩）、普賢菩薩、金剛手菩薩、虛空藏菩薩、地藏菩薩以及除蓋障菩薩，代表八種屬性與德行。這是屬於密宗裡的八大菩薩。

觀音菩薩
以「慈悲」著稱

文殊菩薩
以「智慧」著稱

普賢菩薩
以「大行」（實踐）著稱

彌勒菩薩
以「未來佛」著稱

地藏菩薩
以「大願」著稱

金剛手菩薩
以「伏惡」著稱

虛空藏菩薩
以「含藏福德、智慧二藏」著稱

除蓋障菩薩
以「除去罪障」著稱

歷史上到底有沒有文殊這號人物？

關於這個問題，先看看大乘經典怎麼說：一、文殊是釋迦牟尼佛時代隨佛出家的婆羅門；二、文殊是活躍於南印度的比丘或菩薩。

文殊是隨佛出家的婆羅門

據《文殊師利涅槃經》所記載，佛陀告訴跋陀波羅：「此文殊師利有大慈悲，生於此國多羅聚落梵德婆羅門家……唯於我所出家學道。」西元前六世紀，釋牟尼佛時代，文殊誕生於印度舍衛國多羅聚落的婆羅門家中，出生時，家內屋宅如蓮花，他從母右脅而生，全身呈紫金色，呱呱墮地便能開口說話，頭頂罩著七頂寶蓋，出現許多瑞相。

長大後，文殊向許多仙人求取出家，學習婆羅門教法九十五種之多，無數的論議師都無法與他對辯，最後跟隨釋迦牟尼佛出家學道。佛滅後四百五十年時，文殊去雪山為五百仙人講解十二部佛經，教化他們使其道業成熟，得不退轉。之後，文殊在空野澤尼拘樓陀樹下結跏趺坐，入悉攝一切法的「首楞嚴三昧」。

文殊為協助釋尊弘法而來

在初期大乘經中，傳說文殊是應釋尊的感召來到此土的。《文殊師利淨律經》說：「東方去此萬佛國土，世界名寶氏，佛號寶英如來……。文殊在彼，為諸菩薩大士之倫宣示不及。」《文殊師利現寶藏經》也說文殊「從寶王世界，寶相佛所來」（「寶英」是「寶相」的異譯）。來此土後，留下來協助釋尊弘法，並廣說大乘法。另外，支謙所譯的《惟日雜難經》則說：南方「有最尊菩薩，字文殊師利」。

文殊在福城開闢了大乘佛法的根據地

十七世紀著名的西藏史學家多羅那他（Situ Taranatha，1575-1634）所著的《印度佛教史》（*History of Buddhism in India*）一書提到，文殊現比丘相來到印度的歐提毘舍（Odivisa），即現今之奧里薩省（Orissa），此地位於東印度與南印度之間，《大唐西域記》將之歸為南印度，也就是《華嚴經》中的「福城」——善財童子的故鄉、文殊與善財相遇之處。

在《華嚴經》有段故事記載：文殊在舍衛城辭別佛陀，向南方

比丘立像
7-10世紀（唐代）
根據大乘經典傳說，文殊原是他方世界的菩薩，來到這個娑婆世界隨佛出家，爾後在印度東南地區廣傳大乘佛法，促成了大乘佛法的興起。（震旦文教基金會收藏）

行去。後來到福城（或譯為「覺城」），落
腳於城東的大塔廟處。此地之所以稱為
「福城」，是因為城東的婆羅林，有一座
大塔廟，是以前諸佛駐錫、教化眾生的地
方，住在這裡的人都是有福之人，人們相
貌莊嚴、聰明睿智、心地和善，且是人文
薈萃之所。因此，吸引了許多求道的青年
男女，善財童子就是其中之一。

　　文殊在福城開講大乘佛法，並教導善財
童子發菩提心、行菩薩道，善財以此為據
點向南行，展開參訪五十三位善知識的求
法之旅。所以，福城可視為文殊推廣大乘
佛法的起始點。

　　以上的這些說法都是大乘經典所說，無
法實際考證，不過，文殊來自南印度、活
躍於南印度的說法，卻間接印證大乘佛教
的興起，與南印度有著密切的關係。

善財童子　16世紀（明代）北京法海寺壁畫
《華嚴經》裡的青年楷模善財童子，曾在南印度「福城」聽聞文殊說
大乘法，因而展開了著名的「善財童子五十三參」，即參訪五十三
位善知識的求道之旅。

◉ 福城在哪裡？

　　福城的位置在哪裡？據研究應是現今
印度奧里薩省，境內沿海岸與摩訶那地
河（Mahanad）河口一帶，是頻闍耶山
（Vindhya）以東的餘脈，有眾多山林，
這與經中所說文殊等「眾菩薩出逝多林
便到福城」不謀而合。另外，多
羅那他的《印度佛教史》說，
文殊曾現比丘相到歐提毘
舍，在月護家中說大乘
法，據說這是大乘佛教流
行的開始。而歐提毘舍即
今之奧里薩，應是經中所

說的「福城」。

　　靠近大海的「福城」，傳說也是龍樹
入龍宮取得《華嚴經》之處，大乘佛法
從此地開始流行。此處依山向海，有港
口與異國貿易往來，與異國文化交融的
結果，給了大乘佛法孕育的文化資糧。
因此，大乘經典呈現出與原始佛法截然
不同的豐富、奇幻色彩，充滿了想像與
瑰麗。據說文殊說法時，「於大海中，
有無量百千億諸龍而來其所」，可見其
說法對象不再限於人類，而普及各類眾
生，這也是大乘佛法的特色之一。

喜馬拉雅山

印度河

恆河

馬哈那底河

馬哈那底河
奧里薩省

文殊菩薩曾經是釋迦牟尼佛的老師？

「智慧第一」的文殊是釋迦牟尼佛的老師，也是無量諸佛的老師。他曾發願：「諸佛之中，若有一位，從初發心以至圓成佛道，非文殊所勸發，文殊則不成佛。」

在《放缽經》中，釋尊曾說他能成佛，都是文殊師利教化的恩惠：「今我得佛，有三十二相、八十種好，威神尊貴，度脫十方一切眾生者，皆文殊師利之恩。」文殊對釋迦牟尼佛恩重如山，怎麼說呢？

釋尊能成佛，是因文殊的教導

在中印度，舍衛城祇洹精舍，又是佛陀說法的場合，照樣聚集無數的聽眾。這次釋尊說的是菩薩修行過程如何捨己為人、布施救度眾生……，或許是菩薩法太難行了吧！二百位天人聽了不禁退失菩提心，釋尊望著眼前的大眾，心中暗暗作了決定。

一會兒，來了個相貌端嚴的人，手捧百味飯來供佛，此人怎麼會突然出現呢？原來他是釋尊所化現的。「請佛陀慈悲接受我的供養！」來人長跪佛前如此說著，釋尊欲接受飯食時，文殊菩薩開口了：「請等一下，釋尊，當念故恩啊！」眾人聽了交頭接耳起來：「文殊菩薩前世曾施予佛陀什麼恩惠，竟敢開口要供佛的飯食？」

此時，釋尊將缽放在地上，不知從何處來的一股巨大吸力，缽竟被吸入地下，直到賴毗羅耶佛國……。缽懸在空中，該佛國的菩薩見到了，莫不異口同聲問賴毗羅耶佛，這缽從哪裡來？為何不墮地？賴毗羅耶佛說再等等看。釋尊便請目犍連、舍利弗、迦葉去取缽，他們三人入於三昧，

文殊到底是佛還是菩薩？

有的經典說文殊雖現菩薩身，實則在過去、現在、未來三世當中皆已成佛……，經典的各種說法如下：

文殊的身分	名字	淨土	經典出處
一、過去古佛	龍種上如來	平等世界	《首楞嚴三昧經》卷下
	大身如來	空寂世界	《菩薩瓔珞經》卷四
	升仙尊佛	無礙世界	《菩薩處胎經》〈文殊身變化品〉第二十七
二、現在佛	歡喜藏摩尼寶積如來	常喜世界	《央掘摩羅經》卷四
三、未來佛	普現如來	離塵垢心世界（無垢世界）	《文殊師利佛土嚴淨經》卷下
四、遊方菩薩	金色菩薩		《華嚴經》〈菩薩住處品〉第二十七
	文殊師利	寶氏世界	《文殊師利淨律經》卷一
	文殊師利	寶王如來佛國	《文殊師利現寶藏經》卷下

卻都看不見鉢到哪裡去了。舍利弗請問彌勒：「鉢在哪裡？」彌勒說：「只有文殊知道！」舍利弗求佛陀請文殊去取鉢，佛陀便命文殊去取鉢。只見文殊伸手從袈裟內過十佛剎，直到賴毘羅耶。賴毘羅耶佛告訴菩薩們，這是釋迦牟尼佛國土中的文殊菩薩，其智慧光明無比……。無數世界都見到文殊的神通變化，稱讚娑婆世界的修行。文殊菩薩便取得鉢，而將之交給釋尊。

文殊到底施予佛陀什麼恩惠呢？這時佛陀說了個故事：無數劫以前，有位菩薩入城托鉢，幸運地，那天他得到一整鉢的食物。在回程中，遇到一個正由保母抱著的可愛小孩，菩薩把鉢中的餅遞給小孩，他歡喜地吃了起來，吃完還意猶未盡地一路追出城門，保母則在身後追趕……。追著追著，竟到了佛的住所，小孩看到相好莊嚴的佛，目不轉睛地望著，菩薩便把餅交給小孩，教他以餅供養佛、菩薩與比丘們……。那位菩薩即是文殊，小孩便是釋尊。釋尊過去生因文殊的教導供佛而發菩提心，所以今天釋尊能成就佛道，都是文殊的恩惠。聽完這故事後，原本欲退菩提心的二百位天人，因而堅定修菩薩道的決心，也明白文殊菩薩原來是釋尊的老師。

釋迦牟尼佛　18世紀　西藏中部
文殊曾經發過大願，凡所有無量諸佛都是由他所勸導而發心的，因此他不僅是釋迦牟尼佛的老師，也是過去諸佛的老師。
（有容古文物藝術提供）

◎ 文殊是諸佛的老師？

文殊不但是釋迦牟尼佛之師，也是過去七佛及無量諸佛之師。在許多經典中，都推崇文殊為諸佛之師、諸佛之母，《華嚴經》便說：「文殊是無量諸佛之母，無量諸佛之師。」這是因為文殊曾發誓：「諸佛之中，若有一位，從初發心以至圓成佛道，非文殊所勸發，文殊則不成佛。」

在許多大乘經典中，文殊菩薩都提過自己所發的這個大願。如《大寶積經》

中，文殊說：「我從往昔百千億那由他阿僧祇劫以來，起如是願：我以無礙眼，所見十方無量無邊諸佛剎中一切如來，若非是我勸發決定菩提之心，……乃至令得阿耨多羅三藐三菩提。我於菩提終不應證，而我要當滿此願，然後乃證無上菩提。」由於文殊的發願，所以凡所見得到的無量無數諸佛，都是由他所勸導而發心的。

如此說來，文殊的發心是最早的，經

典上記載，文殊自發菩提心以來已經有無數劫了，他教導許多眾生發菩提心，據說文殊初發心時，所勸發的二十億人都已經證得「無上正真之道」。二十億人？以今天的眼光來看，可真是一個大數目，相當台灣人口的八十七倍之多呢！文殊之所以能成就廣大的度化，乃是因無始以來，成佛前就發下的弘願。關於文殊發願教導眾生成佛的記載，可見《文殊師利佛土嚴淨經》卷下、《華嚴經》〈入法界品〉。

爲什麼文殊又稱爲「法王子」？

文殊智慧第一，與佛陀所覺悟的智慧接近，最能繼承佛陀之位，所以又稱爲「法王子」。

▎文殊最接近佛覺悟的智慧

文殊又被稱爲「文殊師利法王子」，「法王子」是菩薩的尊稱；「法王」指的是佛陀，《法華經》中佛陀曾說：「我爲法王，於法自在」，「般若經」也提到：「菩薩住法王子地，滿足諸願，常不離諸佛」，因此，所有的菩薩都是佛的法王子，那麼，爲何大乘經典卻最常以「法王子」來稱呼文殊呢？

佛果是由菩薩因行而來，菩薩因地有種種功德，最主要的便是智慧，而在所有菩薩中，文殊智慧第一，與佛所覺悟的智慧接近，最能繼承佛陀之位。最重要的是，文殊的身分十分特殊，文殊過去已成佛，並爲釋迦牟尼佛的老師，而一個世界裡只能有一位法王，文殊便權居在弟子釋尊座下，所以又稱爲「法王子」。

▎文殊以青年形象，代表了朝氣蓬勃的大乘佛教

除了「法王子」之外，文殊還被稱爲「童子」、「童眞」，我們常看到在大乘經典中，文殊以青年的形象出現。這顯示著：一、文殊即使具有指導佛的能力，但由於廣大的悲心與願力，所以是永遠朝修行前進的未完成的菩薩，呈顯了如青年般旺盛的學習狀態。二、能繼承佛陀之位的法王子，如初升旭日，具有無比的熱情且前途光明。

文殊的青年形象，同時也象徵了大乘佛教興起的精神。佛滅後一百年，恆河兩岸的佛教，因對戒律的觀點不同，而分成東方大眾部與西方上座部兩派，前者大多是青年大眾，思想較爲開放；後者多是耆年上座（即出家年資較長的長老），思想偏向保守。這樣的歧異，在佛教史上稱爲「根本分裂」，佛教因而從原始佛教進入部派佛教時代。少壯派與老年派的對立，是當時佛教的趨勢。而大眾部可說是大乘佛教的前身，因此當標榜著新興思潮的大乘佛教興起時，「青年佛教」也就成爲大乘佛教的形象。

相對於少欲知足、厭離人間、解脫生死的聲聞佛教而言，大乘佛教熱誠濟世、貢獻身心、與眾生同在，前者猶如耆年老者，後者就如同童眞青年，也因此以彰顯「菩薩」的大乘佛教，便將菩薩形容爲童子——菩

薩內心清淨、慈悲、廣學不倦，如童子般純潔、和諧、充滿好奇。菩薩的特質與童子如此接近，諸菩薩上首的文殊菩薩，以童子或青年的形象出現，充分將大乘深入人間、朝氣蓬勃的精神展露無疑。

特別在《華嚴經》提到，文殊在福城大塔廟處開講《普照德界經》，有五百位童男、童女前往拜見聆聽，其中有一位便是有名的善財童子。文殊告訴善財：「發菩提心是難得的，從學習菩薩大行中，完成崇高的志願，那就更難得了。你要為大乘佛教的普賢行努力，將來和我一樣被人稱為永久的童子。」

接著，文殊便指導善財要在身體力行中體證佛法，而第一步是從參訪善知識著手。於是，善財童子便參訪了五十三位各階層、各領域的人物，從他們身上體會菩薩道，以行動力完成願力。此外，文殊還引導六千青年比丘，莫如小乘的舍利弗般只知在樹下打坐，勇敢起而行，向人們宣傳大乘教義。

從象徵著永遠追求佛法的青年文殊身上，說明了大乘佛法的核心，即菩薩應具有求法的熱誠，勇於接受挑戰，並有利他精神，以永不止息的願力與行動力，貫徹菩薩道的修學。

五髻文殊童子像
文殊菩薩呈現童子之姿，所要表達的是內心純淨慈悲、朝氣蓬勃、為求真理勇往直前、不怕挑戰的特質，這也是大乘佛法的精神。（吳進生提供）

哪一位菩薩曾因謗法而墮入地獄？

有一回，佛陀要文殊談他的過去生為什麼沒證得解脫智慧，是遇到過什麼障礙？文殊答說他曾經毀謗大乘佛法而下地獄，這故事記載在《諸法無行經》中。

▌懺悔謗法、得無礙慧的勝意比丘

在久遠以前，有一個千光明國，是師子吼鼓音王如來的國土，這裡的樹木都是由七寶裝飾成列，每棵樹都能演說法音，讓眾生得道。

當時有喜根、勝意兩位比丘，喜根比丘勤修菩薩行，他質直端正，威儀具足，但不注重頭陀行（苦行）。喜根比丘常以諸法實相教導眾生：「一切法性即貪欲之性，貪欲性、瞋恚性、愚癡性即是諸法性。」當時的眾生心無瞋癡，聽到喜根比丘所說的方便法，很快解脫了煩惱，對佛法堅定不退轉。

勝意比丘則是與喜根比丘相反，他持戒莊嚴，勤修頭陀行。一天，勝意比丘入聚落乞食，到喜根比丘的弟子家，說：「喜根比丘說淫欲、瞋恚、愚癡無障礙，一切諸法皆無障礙，以邪見教化眾生。」這位已得解脫煩惱的居士問勝意：「你知道貪欲是什麼法？」勝意說：「貪欲是煩惱。」居士又問：「那麼，這煩惱是在內或是在外？」勝意回答：「不在內，也不在外。」居士說：「若貪欲不在內、不在外、不在東西南北四維上下十方者，即是無生，若無生，又怎麼能說是垢或淨呢？」勝意比丘聽了，憤怒地起身說：「喜根比丘以妄語來迷惑眾人！」

喜根比丘知道後，心想：「勝意比丘今天這樣做，一定會產生很大的

◉ 文殊菩薩還有哪些過去世故事？

關於文殊菩薩的過去世，大乘經典還有很多記載，不過，大部分是具有善德善行者，
不像勝意比丘這般慘烈，例如下面這三個故事：

經名	《觀佛三昧海經》	《文殊師利佛土嚴淨經》	《阿闍世王經》
身分	有德長者之子	轉輪聖王	比丘
名字	戒護	安拔	慧王
事蹟	因觀佛、供佛的因緣，不僅生生世世恆常遇到百億那由他恆河沙數諸佛，更獲得百萬億的念佛三昧。	在雷音響如來前發菩提心，經過六十四恆河沙劫，具足十住，成就十力。	引導小兒離垢王（釋尊過去世）供佛、發心。後來，小兒與父母及五百人悉發菩提心，悉於阿波羅耆陀陀佛所，出家作沙門。

罪業，我應為他說深法，以作為助他修菩提道法的因緣。」於是喜根比丘在大眾中說「貪欲是涅槃，恚癡亦如是，於是三事中，無量諸佛道」等偈頌。這時，三萬諸天人了悟諸法實相，一萬八千人解脫了煩惱。不可思議的是，大地竟然裂開，勝意比丘在驚嚇大叫中墮入大地獄。

如此，經過不可計數的時間，勝意比丘在大地獄受盡苦楚。從地獄出來後，七十四萬世常被毀謗，百千劫不聞佛號。後來遇到佛，好不容易出家學道，卻不好樂修行，竟又還俗。更可怕的是，他百千世諸根闇鈍……，受足了毀謗大乘深法的罪報。

▍文殊化身為勝意比丘，彰顯大乘智慧

勝意比丘就是文殊菩薩的過去世。後來業障結束後，由於聽聞深法，得利根大智慧。文殊菩薩竟有如此「悲慘」的前世，實在太令人驚訝了！其實文殊如此的「自我犧牲」，都是為了弘揚大乘佛法。

因為喜根比丘與勝意比丘，代表了初期大乘佛教中，菩薩與聲聞兩種修行者的類型：勝意比丘是重於禁戒、頭陀行、禪定的聲聞行者，喜根比丘是重智慧、重實相無所得的菩薩行者。為了彰顯菩薩行的重要性，文殊化身為侷限於聲聞行、無法體解諸法實相的勝意比丘，由於毀謗大乘法而墮入地獄，等到業障結束，懺悔之後，聽聞大乘深法，才獲得智慧成就。

比丘像
約9世紀（晚唐） 敦煌石窟莫高窟第107窟西壁
在大乘經典裡，常見文殊為了彰顯菩薩行的重要而化身為比丘，來凸顯大乘菩薩行與小乘聲聞行的差別。

為什麼文殊總和普賢菩薩一起出現？

文殊菩薩代表「大智」，普賢菩薩代表「大行」，兩者象徵「智行合一」，這是佛陀精神的表徵，也是學佛者努力的目標。

在漢地佛教的造像裡，文殊菩薩經常與普賢菩薩（Bodhisattva Samantabhadra）一起出現，脅侍在釋迦牟尼佛左右，稱為「釋迦三聖」；脅侍在毗盧遮那佛（釋迦佛的法身）左右的，則稱「華嚴三聖」。

通常文殊菩薩騎著代表智慧威力的獅子，脅侍在佛的左側；普賢菩薩騎著象徵堅忍的六牙白象，脅侍在佛的右側。文殊與普賢到底有什麼關係？為何常一起出現呢？

▍象徵「智行合一」

據《悲華經》說，普賢是阿彌陀佛因地為無諍念王時的第八個兒子，文殊則是第三子，兩人是親兄弟，這是經典中的傳說。

從象徵意義來說，在大乘佛教中，文殊菩薩代表「大智」，普賢菩薩代表「大行」，兩者象徵「智行合一」。「智行合一」是佛陀精神的表徵，也是學佛者努力的目標。

「智行合一」是指智慧與實踐合而為一，兩者相輔相成，以智慧為前導，開展實踐；因實踐而使智慧更深刻、明淨。初期大乘的文殊菩薩，注重的是大乘思想、義理的傳遞，常常是以出人意表的破斥方法，推翻原來傳統佛教的觀念，其所建立的是一個概念，而非實際的修行方法。當文殊菩薩推翻舊有觀念，建立新興思潮之後，接下來實踐的功夫，就交給普賢菩薩了。

上圖：
華嚴三聖浮雕
10世紀以後（宋代）浙江杭州飛來峰青林洞
這幅浮雕清楚可見毗盧遮那佛端坐在中間蓮花座上，圖的右邊是騎獅的文殊，左邊是騎象的普賢，身後有天神。（王露攝）

右頁圖：
普賢菩薩
重實踐的普賢菩薩，與強調智慧的文殊菩薩一起，象徵「智行合一」，是大乘佛法的精神。普賢菩薩右手所持經書是《法華經》，因為他是《法華經》信徒的主要護持者。（邱梁城提供）

Bodhi sattva		**Samanta bhadra**	
覺悟	眾生或有情	全部、宇宙	賢
原意：具有覺悟本質的眾生		原意：普賢	
音譯：菩提薩埵			
簡稱：菩薩			

華嚴三聖
12-13世紀（南宋）
四川大足石窟
中間為毗盧遮那佛，佛的右邊是
手托七重寶塔的文殊菩薩，佛的
左側是手托舍利寶塔的普賢菩
薩。雕像有 7 公尺高，是四川大
足石刻最大的雕像。（王露攝）

　　文殊之智是融入在普賢之行中的，若無普賢行也就無法開發文殊智。在《華嚴經·入法界品》中，文殊指引善財邁向求法之旅，告訴善財要完成究竟菩薩行，成就無上道，必須修習普賢行，而入法界（證入法界的法法無差別，即文殊所說的智慧），文殊要善財參訪善知識，向他們請教：「什麼是學菩薩行？什麼是修菩薩道？要如何才能具足普賢行？」於是善財展開參訪善知識的求法之旅，最後見到普賢菩薩，普賢菩薩告訴他：想要成就如來功德，應修十種廣大行願，即「普賢十大願」。現今寺院晚課所進行的「大懺悔文」，內容便是這十大願，提醒行者須確實踐履普賢行。「智行合一」的結果，便是圓滿佛道的完成。

　　般若甚深的文殊與願宏行健的普賢，兩者「智行合一」的精神，正是佛陀的德行。所以，文殊與普賢菩薩是從因地修行的角度，來詮釋佛陀果位的圓滿。若離開了文殊的大智與普賢的大行，佛陀究竟圓滿的「智行合一」，也就無從表達了。

◎ 普賢十大願

　　「普賢十大願」是指想要到達佛不思議的境界，獲得佛圓滿殊勝的功德，必須修習的十種廣大行願。現今寺院經常唱誦的「大懺悔文」的內容便是這十大願：

　　禮敬諸佛　稱讚如來　廣修供養　懺悔業障　隨喜功德
　　請轉法輪　請佛住世　常隨佛學　恆順眾生　普皆回向

檔案 7

文殊信仰是出現在何種時空環境下？

西元一世紀，大乘佛教興起於南印度，它塑造出菩薩的角色，作為精神的象徵，提出生活化的修行法門，帶來全新的視野。文殊隨著大乘佛教，活躍於印度佛教的舞台。

▌大乘佛教的興起

文殊信仰出現於大乘佛教初期。什麼是「大乘佛教」？佛法在印度的流傳，可分為原始佛教、部派佛教、大乘佛教、密教四階段。大乘佛教興起於西元一世紀，隨著經典大量傳出，從南印而至西北印，成為當時佛教思想的主流。它帶來不同於傳統佛教(原始與部派佛教，也就是小乘佛教、聲聞佛教)的視野，提出生活化的修行法門，賦予了佛教新的面貌與生命力。

文殊是初期大乘重要的菩薩，要了解文殊信仰，須先了解大乘佛法的興起，可從思想根源、教團發展、社會背景三方面來談。

▌思想根源──佛陀也曾是生生世世追求解脫道的菩薩

佛陀涅槃後，佛弟子對佛陀產生了永恆的懷念，將「永恆懷念」表現於事相的，即對佛陀遺體、遺物、遺跡的崇敬；而內化於思想的，即「本生」、「譬喻」、「因緣」的流傳──前兩者為佛陀過去生為菩薩時，修學佛法的種種事蹟；最後一者則是佛陀出世成佛說法的因緣，這三者可說是大乘思想的主要來源。因此，便出現大量將原始經典中簡要的道理，結合通俗的本生、譬喻、因緣等通俗說法，深深地影響了後來的大乘思想。

▌教團發展──傾向學術研究，與社會脫節；邊地佛教興盛

印度歷史上第一個統一帝國──孔雀王朝，國王是鼎鼎大名的阿育王（西元前 268-232 在位），他護持佛教，在各地廣建佛塔，並派遣比丘到印度以外的地區傳教，使佛教不僅成為印度的國教，更逐漸發展成世界性宗教。阿育王去世後，政局動亂，西元前185年前後，弗沙蜜多羅（Pushyamitra）建立熏迦（Sunga）王朝。他認為孔雀王朝的滅亡是由於崇奉佛教，因此當他取得政權後，推行毀佛運動，焚燒經典、破壞塔寺，佛教因而受到極大的破壞，歷史上稱為「中印法難」。

經此法難，僧人從中印向西南、西北印四散，與邊遠地區的異民族接

佛傳故事「雙象淋水」浮雕：象徵佛陀誕生。（上圖）
佛傳故事「禮敬大佛塔」浮雕：象徵佛陀涅槃。（下圖）
西元前 1-2 世紀 印度桑奇佛塔
大乘佛教打破佛陀時代不造立佛像的禁忌，開始把佛傳故事或佛的本生、譬喻、因緣等故事刻繪出來，讓人可以永恆懷念與崇拜。（林許文二攝）

觸，佛法因而被帶到該地區。所以，大乘佛法的興起，與南北邊地佛教有密切關係：在初期大乘的主要教典中，重於信願的淨土思想，興起於北方；重於菩薩深廣大行、入世方便的般若與文殊思想，則興起於南方，尤其文殊思想是受了流行南印度重「法」而不重「律」的大眾部的影響。大眾部是大乘思想的前導，以開放的態度著稱，重新看待戒律，提出清新的思想理論。文殊信仰即是適應這種新思潮而發展起來的。

除了政權改變遷動了佛教的變遷，印度本土的佛教也出現了離社會愈來愈疏遠的隱憂。原始佛教時期，以僧伽修行爲主，佛陀與聲聞弟子們的說法，主要是「出離世間生死，朝向出世解脫」，不免與世間產生距離。到了部派佛教，發展出學術化的「阿毘達摩式」法義，一般人認爲要研究佛教就必須出家，以窮畢生歲月鑽研浩繁的論書，與民間更加疏遠。另一方面，長期隱於社會底層的婆羅門教此時逐漸復興，因此，傾向於信仰、通俗、標榜在家修行的大乘佛法，便因應時代的危機興起。

■社會背景——帝王不支持佛教，促使佛教轉往常民階層傳播

熏迦王朝（西元前185-73）之後，印度又陷入分裂的局面，直至西元320年，笈多（Gupta）王朝興起，併吞小國，佔領中印度，最後建立統一的盛世。由於歷代王朝君王多半信奉婆羅門教，對佛教的支持大不如前，佛教因而轉向常民階層發展。再加上大眾部某些支派的傳教對象是平民與商人，大乘便在此兩種群眾基礎上展開。平民從事體力生產、商人爲謀財富，希望統治者有所改進的思想，也在大乘中反映無疑。一種來自民間的創發思想，成爲大乘佛教的基本性格之一。

大乘佛教的基本精神

每一個時代都有不同的思潮，佛法如果不能適應當代的社會環境，也就無法永續流傳。

大乘佛法這股興起於南印度的新興宗教意識，以菩薩的發心、修行、成佛為主要內容，包括對佛菩薩的信仰、十方佛與十方淨土觀、菩薩道的菩提心與六度萬行，以及以「空」破斥部派的「有」、「無」思想。

大乘佛教也揚棄部派枯燥、嚴肅的枝末問題的詮釋分析，取而代之的是誦經、布施、持咒、念佛、懺悔、供養等修行法門，提倡「一切道即是佛道」，菩薩應走入人間，廣修一切法門，使佛法成為人間的、實用的、生活的、活潑的教法。在大乘佛教中，學佛不再是出家人的專利，在家人也能參與，大乘經典更以在家菩薩為弘法的中心人物。相對於小乘的保守、注重學問、以僧侶為中心；大乘是開放、生活性、僧俗平等的。

文殊隨著初期大乘佛教的出現，活躍於印度佛教的舞台，在初期大乘的《阿彌陀經》、《無量壽經》、《法華經》中，文殊即以「法王子」的型態出現，其思想理論形成「文殊法門」，對當時與後期佛教法義的發展，帶來深遠的影響。

印度佛教史

依近代學者的看法，印度佛教史分為四個階段：

一、原始佛教：指釋迦牟尼佛在世（依據南傳的說法是西元前566-485年）及入滅後一百年間的佛教，以遵循佛陀原始的教義為主，「阿含經」是此階段主要的經典。

二、部派佛教：指佛滅百餘年，教團分裂成上座部、大眾部，其後又各自發展出十八部到二十部等支派，稱為部派佛教時代。大約是指阿育王時代（西元前268即位）到西元一世紀左右。這個階段的佛教以指「阿毘達磨」（論藏）為主。

三、大乘佛教：指西元一世紀，興起於南印度的新興佛教，是由部派的大眾部基礎發展而來，提出「十方佛」、「空」等思想，並以「菩薩」作為精神的象徵。此階段持續至七世紀左右衰微。

四、密教：是秘密佛教的簡稱，約盛行於西元七世紀至十三世紀印度佛教滅亡以前。此階段的佛教受印度教影響，以密法、持咒、結印為主，在八世紀達到顛峰。

印度吠舍離的阿育王石柱
阿育王是印度歷史第一個統一帝國孔雀王朝的國王，篤信佛教，在各地廣興佛塔，使佛教發展成為世界性宗教。（林許文二攝）

是誰結集了大乘經典？

大乘經典遠比小乘經典多且龐雜，依據經典記載，這是由文殊與彌勒、阿難、金剛手以及百萬菩薩眾所結集的。

　　大乘經典的產生是一個謎。傳說大乘經早已存在，但藏在天上，也有說是在龍宮或古塔，再流傳到人間。如《龍樹傳》說：「雪山中深遠處有佛塔，塔中有一老比丘，以摩訶衍經與之」，又說：龍樹入龍宮，「得諸經一箱」，而指出大乘經是從佛塔、龍宮取得。

　　《菩薩行方便境界神通變化經》說：「阿闍世王取我舍利第八之分，……藏舍利箱，待阿叔迦王。於金葉上書此經已，並藏去之。……阿叔迦王……取舍利箱。……爾時，因陀舍摩法師，從於寶箱出此經王，安置北方多人住處。此經又無多人識知，……此經多隱在箱篋中。」這是說大乘經與舍利有關，藏在山中、寺塔。

▌大乘經典的結集傳說

　　而關於大乘經典的結集，佛教有各種傳說，有的說佛滅後七日，五百羅漢奉大迦葉尊者之命，至十方恆沙剎土，

《妙法蓮華經》刻本
10-11世紀（遼代）山西應縣木塔
佛陀在靈鷲山宣說《妙法蓮華經》，闡述人人皆可成佛，在這場盛會中，文殊菩薩是不可缺席的重要角色。文殊在早期的大乘經典裡一直都是舉足輕重的角色，許多大乘法義的開啟與討論都是透過他而表達出來。（王露攝）

邀集八萬四千比丘，以阿難為上首，結集了菩薩藏、聲聞藏、戒律藏。也有說佛教史上在王舍城七葉窟第一次結集時，另有大眾在窟外舉行結集大乘經，亦稱「窟外結集」。在諸多大乘經結集的傳說中，有兩個傳說與文殊菩薩有關，分別記載於《大智度論》與《大乘掌珍論》。

文殊與彌勒、阿難於鐵圍山結集大乘經典

根據龍樹所著的《大智度論》所說，大乘經典是文殊與彌勒、阿難結集的：「復次有人言，如摩訶迦葉將諸比丘在耆闍崛山中集三藏，佛滅度後，文殊尸利彌勒諸大菩薩，亦將阿難集是摩訶衍。」「摩訶衍」即指大乘，在傳統佛教三藏中，經藏是阿難與大迦葉所集出的，而大乘經則是阿難與文殊等共同集出的，所以有人依此主張聲聞乘法與大乘法是同時集出、流行的，不過，這並沒有歷史的根據。

此外，《大智度論》並未提到結集的地點，但後來常見的說法是：文殊與彌勒、阿難於鐵圍山結集大乘經典，「鐵圍山」的說法是如何出現的？應與元魏菩提流支所譯出的《金剛仙論》有關，《金剛仙論》說：「如來在鐵圍山外，不至餘世界，二界中間，無量諸佛共集於彼，說佛話經訖，欲結集大乘法藏，復召集徒眾，羅漢有八十億那由他，菩薩眾有無量無邊恆河沙不可思議，皆集於彼。」這與龍樹所傳的相近，且標示出「鐵圍山」，使得大乘經典的結集有了確切的地點，而文殊則被認為是大乘經典的發起者與組織者。

文殊與彌勒、金剛手於王舍城結集大乘經典

根據印度清辨論師所著的《大乘掌珍論》認為，佛所宣說的大乘法的主要結集者是文殊、普賢、金剛手、彌勒等大菩薩，當時在王舍城南方布瑪桑巴山上聚集了一百萬菩薩眾，由彌勒結集大乘律藏，文殊結集經藏，金剛手結集論藏。

大乘經典由文殊結集後，而由龍樹加以闡釋，造「中觀六聚論」：《中論》、《六十正理論》、《七十空性論》、《回諍論》、《精研論》、《名言成立論》。而後，聖天、佛護、寂天、月稱、清辨等諸論師進一步解釋龍樹的密意。

所謂「結集」，是合誦或會誦的意思，就是佛弟子們集合在一起，把佛陀所說而當時只有口頭傳誦、並無文字記載的經典，進行一番會誦、審定，將之系統地確定，所以「結集」可說是佛典編輯會議。在印度佛教史上共有四次結集，分別是在王舍城、毗舍離、華氏城、迦濕彌羅舉行，而所結集的經文全是「小乘經典」。

至於大乘經典雖然數量十分龐大，在大乘經中也記載了大乘經典結集的傳說，但這僅限於經典的記載，並非歷史的紀錄。因為大乘經並未經過特定的大眾共同審定，而是從各方流傳下來，經過長時間，由許多人不斷地探究與發展而形成的。所以大乘經只是「傳出」而沒有「集出」。

與文殊有關的經典到底有多少部？

據說與文殊有關的經典共有一百多種之多；而在現存漢譯大乘經典中，最能表達出初期大乘文殊精神與風格的經典，共有四十七部。

在初期大乘時代，文殊師利是位擁有高知名度的大菩薩，許多經典不是以文殊為名稱的一部分，就是以文殊為當機者或參與討論者，也有些文殊雖未參與論議，但也在場。文殊的角色多樣，彷彿是為宣傳初期大

A類：佛為文殊所說的經典

共有七部：
1. 《內藏百寶經》
2. 《菩薩行五十緣身經》
3. 《普門品經》（異譯本《大寶積經》〈文殊師利普門會〉）
4. 《濟諸方等學經》（異譯本《大乘方廣總持經》）
5. 《不必定入定入印經》
6. 《力莊嚴三昧經》
7. 《菩薩行方便境界神通變化經》

B類：以文殊菩薩為論主，或文殊部分參加問答的經典

共有二十八部：
1. 《阿闍世王經》（異譯本有《文殊支利普超三昧經》、《未曾有正法經》。另《放缽經》為《阿闍世王經》其中一品）
2. 《魔逆經》
3. 《文殊師利淨律經》（異譯本《清淨毘尼方廣經》、《寂調音所問經》）
4. 《寶積三昧文殊師利菩薩問法身經》（異譯本《入法界體性經》）
5. 《濡首菩薩無上清淨分衛經》（異譯本《大般若波羅蜜多經》〈那伽室利分〉）
6. 《文殊師利所說般若波羅蜜經》（異譯本《文殊師利所說摩訶般若波羅蜜經》）
7. 《法界體性無分別經》
8. 《大寶積經》〈善德天子會〉（異譯本《文殊師利所說不思議佛境界經》）
9. 《首楞嚴三昧經》
10. 《諸佛要集經》
11. 《等集眾德三昧經》（異譯本《集一切福德三昧經》）
12. 《文殊師利現寶藏經》（異譯本《大方廣寶篋經》）
13. 《如幻三昧經》（異譯本《聖善住意天子所問經》、《善住意天子經》）
14. 《文殊師利巡行經》（異譯本《文殊尸利行經》）
15. 《慧印三昧經》（異譯本《如來智印經》）
16. 《須真天子經》
17. 《須摩提菩薩經》
18. 《大淨法門經》（異譯本《大法門莊嚴經》）
19. 《弘道廣顯三昧經》
20. 《無極寶三昧經》
21. 《諸法無行經》（異譯本《諸法本無經》）
22. 《文殊師利佛土嚴淨經》（異譯本《文殊師利授記經》）
23. 《維摩詰所說經》
24. 《阿惟越致遮經》
25. 《大寶積經》〈大神變會〉（異譯本《商主天子所問經》）
26. 《持心梵天所問經》（異譯本《思益梵天所問經》）
27. 《無希望經》（異譯本《象腋經》）
28. 《妙法蓮華經》

C類：偶爾提到文殊，或文殊只參與一、二節的經典

共十二部：
1. 《佛印三昧經》
2. 《文殊師利問菩薩署經》
3. 《伅真陀羅所問如來三昧經》（異譯本《大樹緊那羅王問經》）
4. 《密跡金剛力士經》（異譯本《如來不思議秘密大乘經》）
5. 《惟曰雜難經》
6. 《離垢施女經》
7. 《超日明三昧經》
8. 《菩薩瓔珞經》
9. 《決定毘尼經》
10. 《第一義法勝經》
11. 《大寶積經》〈摩訶迦葉會〉
12. 《月上女經》

乘思想而量身訂作的一個角色。

文殊經典的分類

在現存漢譯的文殊經典中，最能表達出初期大乘文殊精神與風格的共有四十七部，當代印順導師將之分成三大類：

A類：佛爲文殊所說的經典，共七部。

B類：以文殊菩薩爲論主，或文殊部分參加問答的經典，共二十八部，這是「文殊師利法門」的主要依據。

C類：偶爾提到文殊，或文殊只參與一、二節的經典，共十二部。

最早翻譯文殊經典的譯經家——支婁迦讖

最早翻譯文殊經典的譯經家是東漢支婁迦讖（生卒年不詳），共譯有五部，有A類的《內藏百寶經》與B類的《首楞嚴三昧經》（已經佚失）、《阿闍世王經》，以及C類的《文殊師利問菩薩署經》、《伅眞陀羅所問如來三昧經》。

支婁迦讖譯經時代約在西元178-189年間，從其所譯的經典來看，文殊法門已發展得相當完整。

翻譯文殊經典最多的譯經家——竺法護

翻譯文殊經典最多的譯經家是西晉的竺法護（238-316），從西元266年譯《須眞天子經》，到西元308年譯《普曜經》，傳譯的工作先後長達四十三年。在他的譯典中，A類有二部：《菩薩行五十緣身經》、《普門品經》。B類共十九部：《首楞嚴三昧經》、《維摩詰經》已經佚失了；《文殊支利普超三昧經》是《阿闍世王經》的再譯；初譯而保存到現在的，還有十六部。C類也譯出了《密跡金剛力士經》、《離垢施女經》、《決定毘尼經》——三部（另有《超日明三昧經》，由聶承遠整治完成）。在三類四十七部經中，竺法護譯出了二十五部。尤其是B類文殊爲主體的二十八經，竺法護所譯的竟占三分之二。

文殊經典的譯出，可分爲前後兩期：前期是三世紀初之前，即竺法護時代之前所譯，共三十四部。後期是指三世紀以後，即竺法護以後所譯的，共有十三部，其中也包含部分文殊法門的重要經典，如《諸法無行經》、《文殊所說般若波羅蜜經》等。

文殊如何談「空」？
與般若法門的「空」一樣嗎？

對「空」的解釋來說，雖然文殊法門依循著般若法門的「一切法空」而提出「不二法門」，但顯然與般若法門的發展方向不同。

▌文殊法門與般若法門同源異流

大乘佛教興起，「般若經」是極早出現的大乘經典。一般認為文殊所呈現的是覺悟的智慧，與般若的關係應該很深，但是在早期的「般若經」，如《大品般若經》或《金剛般若經》裡，文殊並未參與問答，這顯示一向被認為是「空」的文殊法門，與說「空」的般若法門，可能只是間接關係。

就對「空」的解釋來說，雖然文殊法門依循著般若法門的「一切法空」而提出「不二法門」，但顯然與般若法門的發展方向不同。般若法門以「一切法空」來解釋「空」，說明在究竟空寂的法相中，無善無惡，無業無報，無修無證，無凡無聖，指出善惡、凡聖等諸法，法性空寂，皆無差別。文殊法門以「不二法門」來談「空」，直接說「煩惱即菩提」，讓人以為煩惱與菩提兩者相同，其實是以這兩種表面上彼此相斥的事物，來表達兩者皆是空性，甚至可以藉著煩惱而修證菩提。

其次，文殊法門從「空」推展至「法界」，特別注重「法界」的概念。般若法門認為諸法性空無別，悉歸法界；文殊法門除了認為「一切諸法皆入法界」之外，還主張諸法與法界皆「等淨如空」，並進而對「界」作廣泛的應用。如《文殊師利淨律經》說：「一切眾生之所界者，名曰法界」，解釋法界與眾生界不二；《集一切福德三昧經》說：「眾生界、法界，無有二故。」法界與眾生界之外，又立了我界、如來界等。又如在《阿闍世王經》中，文殊為造了殺父逆罪的阿闍世王說「心性本淨」，這些都影響了後期大乘「如來藏我」的思想。所以文殊雖然依循般若經的空義，但其發展出來的思想已不同於般若法門，甚至對主張「不空」的如來藏具有極大的啟發。

▌後期大乘將文殊視為「說一切空者」的代表，而給予批判

有趣的是，到後期大乘時期，文殊竟被視為「說一切空者」的代表，主張如來常住不空說者，反過來說文殊的主張是「諸不了義空相應經」、「一切空經是有餘說」，對於文殊所說空義，多所批判、諷刺。照不空論者的說法：有的是空，有的是不空，不能一向說空或不空。如

《大般涅槃經》說：「不可說空，及以不空。空者，謂無二十五有，及諸煩惱、一切苦、一切相、一切有為行；不空者，謂真實善色，常樂我淨，不動不變。」

所以，後期大乘認為文殊將所有的一切都說是「空」，是「不知真空義」。在《央掘魔羅經》中，文殊告訴掘魔羅：「已修殊勝業，今當修大空，諸法無所有！」央掘魔羅竟回答：「修習極空寂，常作空思惟，破壞一切法。……云何極空相，而言真解脫？文殊宜諦思，莫不分別想！嗚呼蚊蚋行，不知真空義！」《大般涅槃經》中，文殊勸純陀：「當觀諸行性相，如是觀行，具空三昧。欲求正法，應如是學！」同樣反被純陀責難一番。

▌文殊在大乘佛教的角色是重要的，也是複雜的

初期大乘時期，文殊以「空」義如獅子吼，呵斥、批評諸大弟子與菩薩們；到了後期大乘，文殊所代表的「空」義，被作為批判的對象，一如他批評聲聞一般。顯示佛教思想不斷在流變之中，在不同時期，對「空」的解釋與價值，也有所差別。

不可否認地，在初期大乘時期，文殊以鮮明的角色，弘揚新興的佛教思想──大乘佛法，而大乘思想的特色在於空義，所以文殊被當作大乘空義的奠基者，殊不知文殊對空義的詮釋並不全然等同般若經，文殊法門「皆依勝義，但說法界」──影響了後期大乘「如來藏我」的思想。而另一方面，卻又被後期大乘當作初期大乘「說一切空」的代表，而給予破斥。只能說文殊在大乘佛教的角色是重要的，也是複雜的。

什麼是「文殊法門」？

「文殊法門」是指以文殊為中心的思想主流，其要義與精神是從般若（智慧）的基礎上，提出「不二法門」，同時又強調菩薩方便行。

「文殊法門」即是以文殊為中心，呈現出來的一股思想主流；而以文殊為主體，或文殊參與問答的經典，則是文殊法門的主要依據。

有關文殊法門的經典傳播得相當早，是初期大乘重要的經典。在現存漢譯的大乘經中（除去重譯的），代表初期大乘經的，包括多部短篇在內，也不過九十多部；其中，文殊法門的經典幾乎佔二分之一強，重要性不言可喻，這說明了文殊教法的確是大乘佛教的重要思潮。

▌以般若、方便引導眾生入佛道

那麼，此一法門的要義與精神究竟為何？

文殊法門從般若的基礎上，提出「不二法門」的觀念，同時又著重不可思議的菩薩方便行，也就是說，文殊是以般若、方便兩大法門引導眾生入佛道。

先來說「不二法門」。到底什麼是「不二」呢？

大乘不似小乘，於觀察無常、苦、無我而入涅槃，而是直入無生、寂靜的，文殊法門即是其中的代表，直觀一切法本不生，所以「法法如涅槃」，奠定了大乘即世間而出世間，出世間而離世間的根本原理。它不似傳統佛教，依眾生現前的身心活動——蘊、處、界、緣起，次第引導趣入；而是依自己體悟的勝義、法界、解脫，直截地開示，使人能當下悟入。最特別的是，文殊提出「不二法門」，在般若法門「一切法皆無實性可得，一切皆入法界」的理論基礎上，說煩惱是菩提，業、苦也是菩提，皆與菩提不二。

再來說說「菩薩方便行」，這是文殊菩薩的法寶。

由於主張「煩惱即菩提」、「欲為方便」，菩薩的方便大行，在文殊法門中極為重要。我們可以看到大乘經典中的文殊，示現種種不可思議的方便，如仗劍殺佛、到淫女處安居、扮作外道去度化外道等。文殊的不拘小行，擴大了化度眾生的方便，也縮短了出家與在家的距離等等。文殊法門所表現的大乘風格，嚴重衝擊了傳統佛教，在佛教界引起廣泛影響。

什麼是「不二法門」？

文殊所說的「不二法門」，就是諸法平等。他將種種世間極為對立的事物
或觀念，解釋為「不二」、無差別，目的在破除眾生的分別執著，這在當
時的確是驚人之見。

▌不二就是諸法平等

文殊所說的「不二法門」，旨在破除眾生的分別執著，見到究竟平等
的法性。因此，將種種世間極為對立的事物或觀念，解釋為「不二」、
無差別，特別是將聲聞佛教各種呵責、主張斷除、有礙修行的東西，視
為入佛道的方便，認為諸法是平等無礙的。

傳統佛法否定煩惱，想盡辦法斷除煩惱，認為身心是苦器（痛苦的
處所），而招感生死苦的，是煩惱及其所引生的業。所以佛陀說，若
要解脫痛苦，必須先知苦，修習戒、定、慧，斷除煩惱而證得滅苦的
涅槃。

大乘佛法則認為一切皆不可得：煩惱、業苦；凡夫、聲聞、緣覺、菩
薩、如來，一切平等無二。文殊法門更進一步主張：煩惱、五欲等與菩
提不二，例如「貪欲是涅槃，恚、癡亦如是，於此三事中，有無量佛
道。」文殊甚至在諸天子讚嘆他：「文殊師利名為無礙師利、無上師
利！」時，自稱說：「我是貪欲師利、瞋恚師利、愚癡師利！我是凡
夫、是外道、邪行人！」目的也是在強調諸法的「不二」。

▌體悟諸法平等是入不二法門的第一步

大乘佛法的特質，是「一切法本不生」、「一切法本寂滅」，所以一
切不出於法界，也就可以從一一法而入法界。《思益梵天所問經》說：
「諸法是菩提，如實見故」，如實體悟諸法性空，不增不減，與佛境界
平等不二，所以說「諸法是菩提」。至於文殊更強調的「煩惱是菩提、
五欲是菩提、五逆罪是菩提」，與「諸法是菩提」的原理是相同的——
諸法悉空。

文殊曾經化度一位淫女，勸發菩提心。說到菩提時，文殊直截地說：
「汝則為道」，意思是說「你的身體就是道」，眾生是五蘊、身心和合
的假名，五蘊是道，即眾生是道，眾生與道不相悖離——「覺了諸法一
切平等，則為道矣」。

▍必須超越語言、文字的限制

真正要進入「不二法門」則必須超越語言、文字的束縛，這是何等高超的境界。《維摩詰所說經·入不二法門品》中，維摩詰與文殊便有深蘊禪機的演出。

維摩詰問諸菩薩：「菩薩如何入不二法門？」有法自在至樂實等三十一位菩薩，從生與滅、我與我所、垢與淨、善與不善、世間與出世間等自己的體悟的「二」來說「不二」。文殊則說：「於一切法，無言無說，無示無識，離諸問答，是爲入不二法門。」接著文殊問維摩詰的看法，結果維摩詰「默然無言」。文殊見了讚嘆說：「善哉！善哉！乃至無有文字、語言，是眞入不二法門。」

為什麼維摩詰要以沉默來顯示「不二法門」呢？因為凡是透過文字或言語所表達的，都落入生滅的境界，所謂「言語道斷，心行處滅」，第一義諦離言絕說，唯有眞正超越語言、文字的限制，才能眞正入「不二法門」吧！

檔案 *13*
爲什麼說「煩惱即菩提」？

文殊說「煩惱是菩提」，這樣的說法引起當時佛教界的震驚，也引發「大乘非佛說」的爭議。到底我們該如何解讀這個概念呢？以下可從四個層次了解「煩惱即菩提」。

▍層次一：煩惱與菩提並不相應（境界不同）

什麼是煩惱？它是無明、愛、三毒（貪、瞋、癡）等的通稱，也譯作「塵勞」。「菩提」意指覺悟，佛證得「阿耨多羅三藐三菩提」，指的是他證得最高的覺悟境界，這境界是無煩惱的。這兩種境界宛如雲泥之別，如何說「煩惱即菩提」呢？

文殊法門說「煩惱是菩提」，並非將煩惱等同菩提，若是如此，煩惱

重重的凡夫就無須修行了，因為有煩惱即有菩提了，這樣修行又有何意義呢？《文殊支利普超三昧經》曾用一個譬喻，說明煩惱與佛法是不相應的：「日明適出，眾冥晈減。……興道慧者，塵勞則消……以是之故，當了知之，道與塵勞而不俱合。」就如日光出現而黑暗消失一樣，道（菩提）現前時，煩惱當下消失無蹤。所以菩提與煩惱是不同時生起的。

▋層次二：煩惱與菩提的本質是平等無別的

煩惱與菩提雖不相應，但從法性空寂的立場來看，卻是平等的。

《文殊支利普超三昧經》說：「又等塵勞，則名曰道。等於道者，塵勞亦等。塵勞與道，等無差特，一切諸法亦復平等。」煩惱、菩提、一切法，無二無別，因而說「煩惱是菩提」。

「菩提與貪欲，是一而非二」，為什麼呢？因為菩提與貪欲在本質上都是如幻的，雖現有種種樣貌，卻無實性可得。一般人無法了解如幻無實，因此常為煩惱所熱惱，其實在如幻即空、無相的現象本質中，煩惱與菩提平等不二。

▋層次三：有煩惱才有菩提

除了知煩惱與菩提本質平等，文殊法門更進一步說「有煩惱，才有菩提」。

煩惱在傳統佛法中，是生死流轉的根本，非斷不可。在大乘佛法中，煩惱則有深一層的積極意義，可使人通達菩提。《文殊支利普超三昧經》說：「塵勞則道。所以者何？以塵勞故，現有道耳。」從煩惱中體會煩惱無形，這就是菩提了。由煩惱入於菩提，所以煩惱即是菩提。

《維摩詰所說經》更清楚地說明煩惱是如來的種子。維摩詰問文殊說：「何等為如來種？」文殊說：「六十二見及一切煩惱，皆是佛種。」原來我們這個充滿煩惱的五蘊之身，才能體悟佛法，如污泥中生蓮花，所以說煩惱是如來的種子。

在度化眾生方面，煩惱是一大方便法門。《魔逆經》說：「當於眾生愛欲之中，求於佛事。」《大寶積經》也說：「佛境界當於何求？曰：於一切眾生煩惱中求。」菩薩要了知一切煩惱不可得，也要以煩惱為度眾生的方便，眾生都在愛欲、煩惱中，世間依愛欲而有，所以不能離愛欲；悲心也是緣眾生而起的愛見大悲。若「不隨愛欲」，怎能發心？所

以菩薩示現種種煩惱相，令眾生體悟佛法。

▌層次四：菩薩不斷煩惱，但不與煩惱共住

在般若觀照下，煩惱雖還是煩惱，但失去了作用，《清淨毘尼方廣經》說：「不斷於欲，不為欲熱；不斷於瞋，不為瞋熱；不斷於癡，不為癡熱。於一切法離諸暗障，不斷煩惱，勤行精進。」菩薩能夠了達煩惱性空無所有，那麼雖不捨離煩惱，煩惱卻已無熱惱人的作用了！

《大寶積經》說：「三世一切佛，了知貪性空，住此境界中，未曾有捨離。」煩惱性空，不斷不盡、不增不減，煩惱不離法界，於法界中不可得。既不可得，又何須捨離？

文殊法門認為菩薩不斷煩惱，但並不與煩惱共住，只是制伏、淨化了煩惱。在般若觀照中，一切塵垢都是佛法。由於通達法性，菩薩雖行於世間，卻能如蓮花般出塵不染，於是能長在生死海中利益眾生。同樣地，我們也可以明白為什麼文殊說「貪欲是菩提」、「瞋恚是菩提」了。

檔案 *14*
為什麼說「見我就是見佛」？

西元一世紀起，造立佛像的風氣開始流行，觀佛相好的修行法門，也日漸盛行起來，如何見佛、觀佛，成為大乘佛教所重視的問題。文殊對此一問題，提出了獨到見解：「法身虛空不可見」、「見我即見佛」。

▌法身如虛空不可見

在大乘佛教中，菩薩行者分為重智慧與重信行兩種，重智慧者主張「觀佛如視虛空」；重信行者則視觀佛相好、見佛現前是「唯心所現」。著重智慧的文殊法門即屬於前者，主張佛的法身不可見——因為法身如虛空。《諸佛要集經》就有個典型的例子：

　　文殊約彌勒與辯積菩薩，去見天王佛、聽法，但彌勒與辯積都以佛不可見，法不可聞，而不願意同去。文殊去見天王佛，佛以神力將他移往鐵圍山頂。文殊雖以神力越過無量世界，卻發現還在鐵圍山頂……，文殊深感不解。佛反問文殊：「以什麼眼見佛，什麼耳聽法？」文殊默然爲答。天王佛對文殊說：「三千世界中，充滿一切佛，但菩薩們只見我一佛，聽我說法，佛法身如虛空，是無法見的。」以虛空來形容「一切不見」，「是中無有一物可分別者」，佛的法身也是如此。

　　正因法身無相、不可見，若有相可見，就不能正見如來。一切法無來去、無生滅，所以說「諸法平等」，文殊法門主張如此才是正觀如來。

▍見我即見佛

　　不過，對於要觀佛相好的人，文殊菩薩乾脆給了一個方法：見我就是見佛。他鼓勵大家直接從自「我」、自「身」的觀察去見佛。「我」與「身」的實相，與佛的實相不二，所以見我就是見佛，觀身實相就是觀佛。見佛、觀佛，不向外去推求，而引向自身，從自我、自身中去體見。如《維摩詰所說經》中，世尊問維摩詰：「如何觀如來或觀佛？」維摩詰答說：「如自觀身實相，謂之觀如來，觀佛亦然。」

　　《思益梵天所問經》說：「以見我故，即是見佛。所以者何？我性即是佛性。……我見即是法見，以法見能見佛。」這是說「我」雖有名字，但無定性，這就是「我」的如實本性，所以說「無我」；而佛也是「但有名字，名字相空」，與「我」的本質不二，所以「見我就是見佛」了。其次，「我」也是但有名而無定性，只因「我見」的執著而有「我」。然而「我見」本無去來、無生滅，沒有我見可斷，所以覺悟我見本來空寂，就能見佛。

　　「見我即見佛」、「我性即是佛性」的見解，影響了後期大乘──如來藏我（佛性）的主張。

文殊的智慧是什麼？我們能達到嗎？

文殊所說的「智慧」是體悟諸法平等的智慧，要獲得此智慧，必須在每個當下的因緣中學習，體悟諸法平等的本質。

▌直接體悟諸法平等的智慧

對於佛教徒來說，修學佛法就是修學智慧。佛法所說的「智慧」不同於一般人所認知的「聰明」：反應敏捷、知識豐富、口才伶俐、聞一知十、博聞強記等。所以，是一種有別於世俗思考的智慧。

而在佛教中，小乘與大乘對於智慧的定義是不同的。釋尊所教導的智慧是經由觀察緣起因果、體證四諦──苦（苦的現象）、集（苦的原因）、滅（滅苦的境界）、道（滅苦的方法）而獲得，著重於觀察苦的生滅，斷除煩惱以滅苦。因此必須有體證緣起、四諦的智慧，如此才能獲得解脫。而文殊所教導的智慧，則是超越生滅與對立，直接體悟法性無差別的直觀智慧，任何人都可以由此入門。

▌以小乘為基礎，進而修行大乘的空性慧

不過，想要體悟諸法平等無差別的智慧並不容易。對於初學者而言，文殊所闡述的境界畢竟深奧，非一般人所能體解，更遑論實踐。再者，光從字面上理解「一切法空」，很容易落入「空見」，而蔑視人間善行，在龍樹的時代（西元二、三世紀左右），印度佛教便陷入這樣的困境。再加上「不二法門」，是超越語言、文字的，修學者很容易「自由心證」，有無偏離文殊的本意，不得而知。

一般人要達到文殊所說的智慧，還是須以小乘的緣起、四諦為基礎，進而修學大乘的智慧。要體會文殊所說的「法性無差別」的智慧，絕對不能忽略傳統佛法所說的因果、染淨、苦樂、凡聖等差別說，所謂「不行諸功德，但欲得空，是為邪見」。雖一切法空平等，無有染淨可得，眾生因為不明瞭，仍應依循世俗的正見、善行，才能深入。大乘是立於小乘的基礎上，擴大修行的層面與境界，絕非憑空出現，若無分別佛法與世間法不共的「差別智慧」，那是無法體會法法平等的「無差別智慧」。

▌在每個當下因緣中學習

如何體會法法無差別、諸法皆空？就要從一切法之中學習，文殊菩薩

曾說：「遇緣則有師」、「天下無不是藥的草」——每件事物、每個眾
生，任何的因緣都有值得學習的地方，只要能啓發我們的，就是我們的
老師；普天下的每株草，如果目前還不能做藥，只是因爲功效尚未被人
發現而已。

　對菩薩而言，平等無礙的心，是何其重要。法門的修學也是如此，一
切道都是佛道，一切眾生都是善知識，如文殊菩薩教導善財參訪五十三
位善知識一樣，不論身處何處，時時刻刻，都有佛法，都能幫助我們體
悟智慧。重要的是，要以普賢菩薩的大行去實踐，而非空談「甚深
義」，如此才能契入文殊所說的智慧。

檔案
16
文殊與舍利弗誰的智慧高？

文殊與舍利弗的智慧都極高，可與佛陀媲美。當「智慧第一」的舍利弗遇
見「智慧第一」的文殊時，到底誰的智慧高呢？

▌文殊與舍利弗，是佛教不同時期的智慧代表

　從佛教史來說，舍利弗是歷史上眞實存在的人物，在佛陀的弟子中，
舍利弗號稱「智慧第一」，《大智度論》說：「一切眾生智，唯除佛世
尊，欲比舍利弗，智慧及多聞，於十六分中，猶尚不及一。」舍利弗的
智慧之高，是無庸置疑的。文殊則是出現於大乘經典的代表性角色，是
「智慧第一」的象徵。兩者在不同時期的佛教中，代表著佛法所追求的
最高價值——「智慧」。所以，「大智舍利弗」與「大智文殊」僅爲聲聞
與菩薩的差別。

　若從這個角度來看，就很難說這兩者的智慧孰高孰低了！只能說不同
時期的佛教，對於智慧的看法與詮釋是不同的，所選擇的代表人物也不
相同。

舍利弗

舍利弗是釋迦牟尼佛的上首弟子，出身於婆羅門，最初跟隨外道出家，後來聽到馬勝比丘轉述佛陀所說關於因緣法的偈頌，於是改學佛法，加入佛陀的僧團。由於他對究竟實相有深入的洞見，智慧敏銳、善說佛法，因此很快成為佛陀的十大弟子之一，並有「智慧第一」的稱譽。

舍利弗的一生與佛陀的生活及僧團有密切關係，他在當中扮演著重要的角色，而主要工作即是組織教法，並詳細分析其內容。因此在許多場合裡，舍利弗扮演著領導的角色——他是比丘們循循善誘的導師與楷範，也是佛陀教法的忠實保存者，所以贏得了「法門大將」的頭銜。在印度桑奇佛塔中，至今仍保存著舍利弗的遺骨，證實了舍利弗是歷史上真實存在的人物。

註1：《小品般若波羅蜜經》卷三，姚秦·鳩摩羅什譯，《大正藏》第八冊。

▌就大乘法來說，文殊的大乘空慧高於舍利弗的小乘智慧

興起於印度南方的大乘佛法，文殊是重要的代表人物。他的出現代表了與傳統小乘佛教有所區隔的新興大乘佛教。透過文殊其人及其所說的法，大乘佛教因而更具體地為世人所認識。

就修行方法來說，文殊、般若等初期大乘法門皆主張「一切法性不可得」。此一空性的立場，與「阿含經」以來的傳統佛法，從現實身心——五蘊、六處等出發，指導知、斷、證、修以達解脫的實現，兩者截然不同。

因此，對於傳統佛教從生滅無常下手，觀一切為無常、苦、無我，強調如實知生滅無常的重要性，初期大乘是不以為然的。如《小品般若波羅蜜經》便嚴厲批評無常的觀慧，認為是「相似般若波羅蜜」[註1]，而不生滅觀才是真般若。在此立場上，菩薩的「般若空慧」是遠超過聲聞的無常觀慧的。所以，就大乘法的角度來說，文殊的智慧是真般若，而舍利弗的智慧是相似般若，無法與真般若相提並論。

▌大乘經典以舍利弗來襯托文殊的智慧高超

在大乘經典中，只要是文殊與舍利弗共同出現的場合，從兩者互動的情況看來，舍利弗的表現總不如文殊，因此，他的出現似乎是為了襯托文殊。如《文殊師利現寶藏經》中，舍利弗說他曾與文殊西遊，經大火充滿的佛土，仰賴文殊的神力方可過去。相較於文殊，自己的神力簡直如小雀與金翅鳥一般，顯現舍利弗在神通上無法與文殊相比。又如《維摩詰所說經》中，文殊與維摩詰共同討論甚深的大乘不二法門，但舍利弗卻在一旁掛念沒有床座，中午將至卻無食物可吃……，所以是「心有高下，不依佛慧」的小乘行者。此經並以種種方式貶抑舍利弗的智慧，認為其智慧甚至不如婆羅門。

這也可以看見大乘佛法興起之際，推廣者為了弘揚大乘，巧妙地把舍利弗的形象做了轉變，將原本在傳統佛教中「智慧第一」的舍利弗，貶抑為智慧不深、悲心不廣的小乘代表人物，以凸顯舍利弗的不足，來達到烘托大乘優越的目的。甚至在許多文殊法門的教典中，還常出現文殊指導舍利弗的情況，而舍利弗則十分讚嘆文殊的智慧……，這也是藉由歷史上真實存在、號稱「智慧第一」的舍利弗，向文殊求法、讚嘆文殊，來證明文殊智慧的高超。

「大乘菩薩道」的特色是什麼？

文殊所說的大乘菩薩道是「一切道都是佛道」，世間一切都是引入佛道的法門。

▌菩薩，是勇於追求菩提的有情（眾生）

相對於「聲聞」代表小乘佛教；「菩薩」則是大乘佛教的表徵，據考證，「菩薩」一詞約成立於西元前200年前後，是隨著佛陀的本生故事的出現，而開始流傳。當時「菩薩」專指過去生的佛陀，因為佛陀在過去生曾為各種動物或人，行種種菩薩道，最後成就佛果，是以追求無上菩提為理想，所以稱為「菩薩」，其修行自與聲聞行者不同。

菩薩是「菩提薩埵」的簡稱，「菩提」意指「覺」；「薩埵」意指「有情」（有情識或有情愛的生命，即「眾生」）。「菩薩」即指「覺有情」；更積極地說，是愛樂無上菩提，精進欲求覺悟的有情。因此，菩薩能在無數生死中勤求菩提。

▌一切道都是佛道

既稱「有情」，自然也就不限於人類。因為，修菩薩道的可以是人，可以是鬼神，也可以是禽獸！菩薩也不一定是出家的，大乘經中的菩薩，多數是從事不同事業的在家人，此外也可能是外道。

菩薩道是依釋尊過去的本生故事而形成的，其中釋迦牟尼曾是獅王、象王、鹿王、馬王、豺、犬等獸類，或鵝王、雁王、孔雀、金翅鳥等禽類。雖是「禽獸」，但一樣能行菩薩道，累積成佛資糧。而在佛經中常見的「天龍八部」裡，也有龍、大莽神、金翅鳥等。所以，菩薩並不限於人類。

在《華嚴經・入法界品》中，文殊教導善財要廣向善知識學習大乘法。因此善財所參訪的善知識（菩薩），雖多數是人，但卻有各種階級與身分，如比丘、比丘尼、仁慈的國王、法官、航海者、醫師、製香師、語言學者、數學家、長者、優婆夷、童女等；也有方便示現殘酷嚴刑的國王、愛欲的淫女、穿樹皮衣的愚癡外道仙人、五熱炙身的苦行婆羅門……。總之，善財所參訪的人，遍及出家與在家、佛教與外道、男子與女人、成人與童子。他們在人間，以不同身分、不同職業，遍一切階層，從事佛法的化導。此外，也有非人的眾生，如一頭四手的大天（神）、眾多的女性夜叉……這些都是修菩薩行的菩薩。所以說「一切

眾生皆處在道，道亦處在一切眾生」。這就是文殊所說的大乘菩薩道：「一切道都是佛道」。

在「一切道都是佛道」的前提下，菩薩不能拒絕任何入佛道的方便。《維摩詰所說經》說：「有此四魔、八萬四千諸煩惱門，而諸眾生爲之疲勞，諸佛即以此法而作佛事，是名入一切諸佛法門。」《須眞天子經》說：「一切世間所入，則菩薩行。」所以，菩薩不但行於道，也要能「行於非道」，「若菩薩行於非道，是爲通達佛道」，世間一切都是引入佛道的法門。

檔案 *18*

在家修行好？還是出家修行好？

大乘佛教特別推崇菩薩，菩薩有在家菩薩與出家菩薩，出家與在家是無差別的，最主要精神是修菩薩行。

▌文殊推崇不受聲聞戒律限制的出家行

我們知道，文殊法門處處流露出對於聲聞戒律的批判，這是因爲文殊法門有別於釋尊的教法：「以若干種法制御其心，乃可調伏」，而主張不受戒律限制、直接契合經義的菩薩行。所以，即使文殊法門一開始依循初期大乘，承接傳統佛教，推崇出家，但他強調的是過著如釋尊成佛前，或未制戒律前的出家生活──「樹下住、常乞食、糞掃衣、陳腐藥」，也就是過著住在樹下、托鉢乞食、穿著別人棄置的衣服，以及吃不新鮮的藥的「四依」生活。

《如幻三昧經》中，文殊曾化作菩薩說法，說：「精習於閑居……常行而乞食；數數相調習，親近坐樹下；穢藥以療身。……此等勇猛士，必成尊佛道。」顯示出文殊對「四依」的出家修行，給予高度的肯定。

文殊也推崇東方阿閦佛國的修行方式，以阿閦佛的大願爲典範。《文

殊師利佛土嚴淨經》說：「當學追慕阿閦如來宿命本行菩薩道時，志願出家，樂沙門行，世世所生，不違本誓。」因為阿閦佛國的出家菩薩，不在精舍行律，不受戒，也不用剃除鬚髮，只是過著少欲知足、阿蘭若式的修行生活；或者到他方去聽法、問義。

出家不必拘泥於形式，而是要修菩薩行

文殊法門認為出家不必拘泥在形式上，因為大乘佛法設立種種制度，只是為了幫助眾生體悟佛法，而非為拘泥於制度，所以「菩薩不以除鬚髮者為是出家也，……不以自被袈裟，……自奉禁戒，……自處閒居，……不以顏貌形容、威儀禮節為是出家也。」(註1)那麼，什麼才是出家呢？「有受持諷誦，廣為一切解說其義者，是為持戒清淨，……是為沙門，……是為除鬚髮，是為受大戒。」(註2)甚至認為：「若有菩薩住是三昧，雖復在家，當說是人名為出家。」(註3)

這樣的說法，表面上是擴大出家的意義與範圍，實際上是強化菩薩行。如《維摩詰所說經》中，長者子要出家，維摩詰教他發菩提心即是出家、受具足戒了。又如《大淨法門經》中，上金光首淫女也想出家，文殊為她說出家法——菩薩利他行，這些都是勸修菩薩行等同出家的具體事例。隨著在家菩薩地位的提高，文殊法門漸漸地透露出無須出家，在家菩薩即可修行的訊息。

在家菩薩與出家菩薩的修行法

文殊曾在《菩薩本業經·願行品》(註4)中，針對在家菩薩與出家菩薩，提出一些修行準則，教導初學者如何在生活中修菩薩行，意境非常高遠，但不離日常生活。

〈願行品〉是以文殊回答智首菩薩的問題：菩薩在家或出家「本何修行，成佛聖道」而展開，答案是「奉戒行願，以立德本」。該品詳細敘述菩薩從在家到出家修行的各層面與各環節，要求把自我約束的「奉戒」與施惠他人的「行願」，貫徹到一言一行、一事一法中。

〈願行品〉全品共有134首(註5)優美的偈頌，文殊菩薩舉出134個情境，指導修習菩薩道的行者（不論在家或出家），在生活中，面對任何人、事、物，當下都要發願——願眾生離苦、離煩惱、修善，以向光明的佛道。

註1：《維摩詰所說經》卷上，姚秦·鳩摩羅什譯，《大正藏》第十四冊。

註2：《須眞天子經》卷四，西晉·竺法護譯，《大正藏》第十五冊。

註3：《集一切福德三昧經》卷下，西晉·竺法護譯，《大正藏》第十二冊。

註4：《菩薩本業經·願行品》，吳·支謙譯，《大正藏》第十冊。異譯本尚有三種，這是最早的譯本，並在偈前特別提到「奉戒行願，以立德本」。而目前最流行的譯本則是八十華嚴的譯本。

註5：《諸菩薩求佛本業經》是133偈，六十華嚴的〈淨品〉則有140偈，八十華嚴的〈淨行〉是141偈。

佛學大師龍樹的中觀哲學
是受了誰的啓發？

龍樹貫通傳統佛法與大乘佛法，提出「緣起即空」的不二中道，以解決包含文殊法門等初期大乘佛法產生的後遺症，並以「性空唯名」重新看待文殊法門的某些觀點。

▌文殊等初期大乘法門所產生的時代危機

龍樹（梵名 Nagarjuna）是西元二、三世紀的印度佛學大師，其著述豐富，成就斐然，有「千部論主」之稱。龍樹成立的大乘義理，特別是《中論》，影響深遠，形成重要的「中觀學派」。

龍樹時代，大乘佛法已經流行二百年了，複雜而多元的思潮彼此激盪，呈現出詭譎的時代氛圍：不僅傳統佛教各部派紛爭、互相評破，傳統佛法與大乘佛法又處於嚴重對抗的局面，如傳統佛法的行者，指大乘爲非佛所說；大乘佛法行者，指傳統佛法爲小乘。

加上大乘過度讚揚菩薩，貶抑阿羅漢，使釋尊爲了「佛法久住」而建立起來的僧伽律行，受到輕視，大乘極端者更以爲：「若有經卷說聲聞事，其行菩薩不當學此，亦不當聽。非吾等法，非吾道義，聲聞所行也，修菩薩者愼勿學彼。」「般若經」原本是含容聲聞乘的，但文殊法門明顯地排斥聲聞，使得兩者的對立情況益發嚴重。

又如大乘佛法注重的是空義，般若法門著重「一切法空」，即在究竟法相中，無因無果，無業無報，無繫縛無解脫，無修無證，無凡夫，無阿羅漢、緣覺、菩薩與如來。文殊法門以「不二法門」談空，將聲聞法及菩薩道的發菩提心、度眾生、成佛、轉法輪等，都一一擊破，也因此產生了「但論空法，言無罪福，輕蔑諸行」的後遺症，佛教因而陷入另一個時代危機。

▌龍樹提出「緣起即空」的不二中道

小乘主張「緣起」，大乘主張「空性」，爲了解決傳統佛法與大乘佛法對抗的問題，龍樹提出「緣起即空」的不二中道，會通小乘的「緣起」，以及大乘的「空性」，認爲緣起與空性不二，緣起就是空性，空性就是緣起。他最著名的一個偈頌是：「眾因緣生法，我說即是空，亦爲是假名，亦是中道義。」空性即緣起，兩者皆不離如幻的因果。

依照龍樹的主張，小乘說緣起無我，大乘說一切法空，是因應眾生的根機而說，眞正的解脫無有差別，兩者不相妨礙。

註1：《大智度論》卷六，姚秦・鳩摩羅什譯，《大正藏》第二十五冊。

註2：《大智度論》卷三十五，姚秦・鳩摩羅什譯，《大正藏》第二十五冊。

註3：同上。

▌以「性空唯名」重新看待文殊法門的某些觀點

　　龍樹對於初期大乘說「一切法空」，引發落入空見、蔑視人間善行的情況，而提出「性空唯名」──無自性空，但有假名。在他所著的《大智度論》便說：「如幻化象馬及種種諸物，雖知無實，然色可見、聲可聞，與六情相對，不相錯亂。諸法亦如是，雖空而可見可聞，不相錯亂。」[註1]為離情執而勝解一切法空不可得，但並非否定一切善惡邪正，所以即使是已徹悟無生的菩薩，也要勤修「度化眾生、莊嚴佛土」的善行。

　　對於文殊法門說：「貪欲是涅槃，恚、癡亦如是，如此三事中，有無量佛道。」龍樹以三種菩薩來解釋：「初者，如世間受五欲，後捨離出家，得菩提道。二者，大功德牢固，初發心時斷於婬欲，乃至成佛道，是菩薩或法身、或肉身；或離欲、或未離欲……。三者，清淨法身菩薩，……與眾生同事而攝取之。」[註2]第一類菩薩如釋尊，先在世間過五欲的生活，後來捨離出家，得菩提道。第二類，是發菩提心以來，生生世世過著清淨梵行的生活，即使得了無生忍的法身菩薩也是如此。第三類是法身菩薩，如維摩詰為了攝化眾生，而作種種善巧方便，非初學者所能行。所以如果有大乘人以為只要不執著，過五欲生活並不妨礙修道，龍樹是不以為然的，他認為始終修童真梵行，便能「速成菩薩道」。

　　至於文殊所說的「煩惱是菩提」，龍樹認為：「諸法如入法性中，無有別異。……愚癡實相即是智慧，若分別著此智慧即是愚癡。如是愚癡智慧，有何別異？」[註3]從法性空寂來說，愚癡與智慧是無差別的，但如果執著於智慧，這樣的智慧與愚癡又有何差別呢？同樣地，不能只知煩惱即菩提，而不知取著菩提就是煩惱。「煩惱是菩提」，是隨宜說法，並非究竟真理，若通達性空，般若現前，哪裡還有煩惱？

龍樹唐卡
19世紀 西藏地區
龍樹出身於南印度的婆羅門家庭，是顯密共同尊崇的佛學大師。他不但是大乘「中觀學派」的掌門人，據說曾參拜南印度鐵塔，得到金剛薩埵傳授《金剛頂經》密法，從此勤修密法而證悟。（有容古文物藝術提供）

是誰把文殊逐出僧團？

夏安居期間，所有比丘都在寺內潛修，而文殊居然和宮女、淫女廝混三個月，讓嚴持戒律的大迦葉把文殊逐出僧團！其實，這故事要表達的是：修行度化有千萬種方便行的大乘精神。

在初期大乘的舞台上，文殊一出場是以比丘的角色活躍於其中，《文殊師利般涅槃經》裡說：文殊「唯於我（佛）所出家學道……作比丘像」，可見文殊是一位出家人。不過，身為僧人的文殊，在行止上卻十分不檢點！

▌行為不檢、毀壞戒律的文殊比丘

《文殊師利現寶藏經》說：在一次夏安居[註1]三個月中，僧團弟子聚集精舍潛修，而文殊竟然演出「失蹤記」，一直到安居結束時才出現。眾人問他去了哪裡，他說：「吾在此舍衛城，於和悅波斯匿王宮采女中，及諸淫女、小兒之中三月。」在重要的安居修行期間，文殊居然和宮女、淫女廝混了三個月，嚴重地毀壞戒律！嚴持淨戒的大迦葉知道後，異常憤怒，決定要把文殊逐出僧團！

在僧團中，大迦葉以苦行著稱：托缽乞食、日中一食、獨住墳地、塚間觀屍，過著常人無法忍受的苦行生活，而普受尊敬，在釋尊十大弟子中被稱為「頭陀第一」，這是當時佛弟子的典範。對於文殊如此放浪形骸且毫無悔意的情況，迦葉當場欲擊楗槌召集僧眾，將文殊趕出僧團！文殊怎麼會犯下這般嚴重的戒律？在一旁觀看的佛陀也不免心急，告訴文殊：「迦葉都要趕你出去了，你也該示現境界，不要讓大家誤會你。」於是，文殊立刻入三昧，大顯神通，剎那間，只見無量世界的每個世界，同時出現千萬個文殊，場面驚人。佛陀於是問迦葉：「迦葉啊！你想擯逐的是哪一個文殊呢？」

五台山菩薩像
文殊獨具的顛覆性格與教法充分表現在夏安居僧團潛修時期，跑去跟宮女、妓女廝混的故事裡，雖然目的在表達度化眾生的方便行，卻讓保守的大迦葉難以承受而將他逐出僧團。（香港佛教志蓮圖書館提供）

只見迦葉心中慚愧，想放下楗槌，誰知使盡了力氣卻無法放下，不知如何是好？佛陀說：「你只要向文殊頂禮就可解脫。」迦葉便遙禮文殊，楗槌隨之墮地。見識到文殊的神通變化能力，迦葉這才明白文殊的修行遠勝於己，自己智慧不足，不識菩薩境界，才會做出將文殊逐出僧團的可笑行徑。迦葉向佛陀坦然認錯，並請佛陀開示文殊的智慧。

佛陀告訴迦葉：「文殊的善巧修行，並非一般聲聞僧所能了解，如你剛才所看到的十方佛國，每一佛身旁都有一位文殊，此地雖不見文殊，文殊卻普現於十方。」其實結夏安居的三個月中，文殊在舍衛城內開解了五百名女子的心中疑惑，讓她們欣然接受教化，證得無上道；又讓五百童子、五百童女得到不退轉境界，無形中也幫助無數與他們有因緣的人，從而修得聲聞，轉生天界。

短短三個月，度化了這麼多根器不足的人成就修行，文殊的智慧簡直不可思議。迦葉當下讚嘆文殊功德無量，虛心地向他請教度人的方法。文殊於是詳細說明度眾方便法，即「隨一切人本而為說法，令得入律」。 也就是應當隨順眾生的根器而說法，使眾生契入佛道。千萬眾生有千萬種需要，自然有千萬種不同的修行度化方法。每個人有他所適合的修行方式，千萬不要將自己的觀念強加在別人的身上，即使是戒律也是如此。

文殊以比丘身分挑戰聲聞戒律背後的意義

為何文殊要以出家身分來挑戰聲聞戒律呢？這是個很有意思的問題，對傳統佛教來說，大乘佛教的出現，不啻是一種極嚴峻的挑戰，首先被挑戰的即是傳統佛教最注重的聲聞戒律，如果文殊並非比丘，他與大迦葉的衝突與對話，根本不可能發生！正因為文殊是出家人，卻不遵守僧團的戒律，甚至做出種種看似「離經叛道」的行為——安居期間外出與宮女、淫女共度，結果竟是成功地度化他們。而這是謹守僧團戒律的僧聞行者，所不可能完成的任務。大乘此一新興思潮，在印度舞台的表現，即如此讓人耳目一新，驚嘆連連！

註1：印度夏季多雨，為避免比丘外出遊化，踩傷蟲蟻草木，衣缽漂失，危及生命，被社會譏嫌，佛陀制定每年夏季三個月，比丘一律禁止外出，共聚一處精進用功，稱為「結夏安居」或簡稱「夏安居」，也稱為「雨安居」。

◎大迦葉

大迦葉，本名「迦葉」，「大」是尊稱。他出身於富有的婆羅門家庭，隨佛出家後，以修行嚴格的頭陀行（苦行）而聞名，是僧團中持戒與苦行的典範，他曾帶領五百弟子修習頭陀行，被稱為「頭陀第一」。

大迦葉一生堅持苦行，到老也不放棄。佛陀曾勸年事已高的迦葉不要再如此折磨肉身、過分疲勞。但大迦葉告訴佛陀，對於頭陀行他甘之如飴，不以為苦，且內心充滿清淨的喜悅。佛陀聽了讚嘆說：「將來要鞏固僧團、正法久住，必須如大迦葉般過嚴肅的生活。」

佛陀入滅後，在大迦葉的召集下，展開佛經的結集工作，由阿難誦出經藏、優波離誦出律藏，最後迦葉複誦，並經五百比丘確認無誤後集結流通，所以大迦葉可說是佛陀入滅後第一位佛教領袖。據說後來迦葉隱身在王舍城西南三十公里的雞足山中，等待未來佛「彌勒」的誕生。

誰稱得上佛教裡的「麻辣鮮師」？

文殊是行徑怪異的菩薩，總是開門見山下猛藥，即使聽眾受不了，驚恐怖畏，也要堅持說甚深法，可說是佛教的「麻辣鮮師」。如果你聽膩了釋迦牟尼的循循善誘，就來聽聽文殊的麻辣教法。

文殊法門是初期大乘的重要思潮，展現了不同於傳統佛教的全新面貌，也對其他大乘佛法提出反省、批判。以下從態度與表達方式，來說明文殊教法的特色。

▌要說就說最深法義

文殊教法的態度與釋迦牟尼有非常大的差異。釋迦牟尼本著自覺的體驗，為眾生應機說法，由淺入深，循循善誘。文殊則是直截開示，認為要說就說最深法。如《大寶積經‧善德天子會》說：「若有醫人將護病者，不與辛酸、苦澀等藥，而彼醫人於彼病者，為與其瘥、為與死耶？……其說法者，亦復如是。若將護於他，恐生驚怖，隱覆如是甚深之義，但以雜句綺飾文辭而為演說，則授眾生老病死苦，不與無病安樂涅槃。」為初學人說法，不能怕他驚疑，只說些淺義，如醫生治病，若只用平淡藥，就無法治療重病一樣，說淺法也是無法使眾生解脫，不如開門見山地下猛藥，以毒攻毒……。即使聽眾受不了，驚恐怖畏，毀謗大乘，也要堅持說甚深法。

《文殊師利巡行經》記載，文殊說法時，有一百位比丘起惡心，將墮大地獄。舍利弗責備文殊未保護眾生的道心。文殊回答：「此一百比丘，墮大叫喚地獄；受一觸已，生兜率陀天同業之處。……此百比丘，彌勒如來初會之中，得作聲聞，證阿羅漢。……若不得聞此法門者，則於生死不可得脫。」《如幻三昧經》同樣也記載五百比丘聽了深法，毀謗經典，現身墮大地獄。文殊卻以為：「其族姓子及族姓女，墮大地獄，在大地獄忽聞此經，尋便得出，輒信深經而得解脫。」

由此可見，聽聞甚深法門的功德非常大，雖然初始不信，甚至起惡心，由毀謗而墮地獄，但由於此甚深法門的功德，就能立刻脫出地獄，而得解脫；比聽淺法而不墮地獄，但長期輪轉於六道要殊勝得多了。

▌語不驚人死不休

文殊教法的表達方式，不論是語言或行為都十分獨特，簡直是語不驚

佛說法圖
11世紀（宋代）山西高平開化寺
大雄寶殿壁畫
在諸菩薩與佛弟子中，文殊的教化方法最為凌厲，認為傳法就要傳最深法義，直取核心義理，與釋迦牟尼的循循善誘大異其趣。

人死不休、不按牌理出牌：

　　一、出格的語言；不直接給答案，不作正面答覆，常用反詰或否定的語言，以促使對方反觀。文殊超越常情的語句，常使人**驚駭萬分**，充分表現出反傳統佛教的風格。例如，文殊除了自稱是「貪欲、瞋恚、愚癡之人」外，又說自己是「凡夫、外道、邪行人」，還說「煩惱、淫欲、五逆罪是菩提」，令人吃驚不已！

　　二、突出的動作，行動十分戲劇化。除了夏安居期間與淫女廝混，差點遭大迦葉趕出僧團之外；還有拿劍做勢要殺佛，也是大乘佛教有名的「公案」。

文殊爲何老愛與佛陀弟子作對？

文殊處處與佛陀的大弟子們爲難，並非只爲了反戒律制度，而是爲了弘法上的需要與方便，以彰顯大乘的優越性。

在大乘初期，文殊是以比丘的身分登場（現比丘相的文殊，是一位修菩薩行的出家菩薩），這是爲了承接傳統佛教以僧伽爲主流的現況，以便讓社會接受，便於弘法。不過，在這時期的大乘經典中，雖有舍利弗、大迦葉等聲聞弟子參與其間，實際上則是以在家居士爲中心。因此，到了大乘後期，文殊捨棄比丘相而現在家相，以便符合大乘佛教以在家菩薩爲主體的主流。

就整個佛教思潮發展來說，大乘佛教的出現，是爲了修正以出家爲主體的聲聞佛教所產生的弊端，來適應當時的社會，擴大弘法的層面。所以，尊崇菩薩乘，貶抑聲聞乘，是顯而易見的原則。

《文殊師利寶藏經》說：「向者世尊說弟子事，願今上人說菩薩行。」文殊所說的是菩薩法，佛弟子們代表的是聲聞法。文殊的挑戰，就是爲了彰顯大乘精神——以不可思議的方便行（菩薩法），度化眾生入佛道，這與以往佛陀的弟子們所受的教法的確有所差異。如此說來，文殊的特立獨行，處處與佛陀的大弟子們爲難，並非只爲了反戒律制度，而是爲了弘法上的需要與方便，以彰顯大乘的優越性。

在大乘經典中，許多佛陀的聲聞弟子都曾吃過文殊的虧。連「頭陀第一」的大迦葉、「智慧第一」的舍利弗、「說法第一」的富樓那，與文殊一交手，都敗下陣來。文殊除了辯才、智慧高超之外，神通也是不可思議的，再加上大乘認爲其核心思想高於小乘，所論述的層次、境界也比小乘明顯地往上提升。而大乘經典中的佛陀，更是肯定文殊所弘揚的「勝義法」，所以經中的文殊往往所向披靡、無往不利。相較之下，佛弟子們一個個成了心量狹小、智慧不足、悲心不深、願力不廣的「小」乘人。《文殊師利現寶藏經》中，舍利弗就說文殊在無數佛前說法，使大弟子無言可答，可見文殊以大乘法義向大弟子問難的紀錄，是很輝煌的。

釋迦牟尼佛的十大弟子們是何其優秀，文殊竟然還能挑他們的毛病！且能在智慧、說法等各方面，勝過他們，實在是不可思議。其實文殊對大弟子們挑戰的問題，都是大弟子們的專長，也是比丘們日常所行、符合律制的生活，所以向大弟子問難，等於批判了傳統的聲聞佛

教。這些都是在弘揚大乘法的目的下，所採取的方式，同時也藉由兩者之間的比較，讓此一大乘新興思潮，能為世人所認識進而接受。如果沒有聲聞看似有「缺憾」、「不圓滿」的映照，大乘的「圓滿」、「究竟」也將無從彰顯。

文殊比丘像
14-17世紀（明代）山西太原崇善寺大悲殿
早期的大乘經典裡，文殊是比丘身分，到了後期，文殊才現菩薩相。不過無論是比丘相或是菩薩相，都是為了彰顯大乘佛法的優越。（香港佛教志蓮圖書館提供）

老愛大放厥詞、人緣很差的菩薩是誰？

文殊言行大膽前衛，極具顛覆性格，經常大放厥詞說「難聽」的話，讓聽者渾身不自在，但不可否認地，他身上處處充滿禪味，為佛教開啟了另類弘法的風格。

▌快意言行，讓人渾身不自在

從經典的記載，文殊在當時的僧團裡是令人頭痛的「問題青年」，他與人交談，不是以超越常理、否定的、反詰的方式回答；就是不正面答覆，說些玄之又玄的話，說了等於沒說似的，讓人一頭霧水。文殊的行為更是怪異，明明是出家身分，卻做出種種違背戒律的事情，奇裝異服、與淫女廝混，氣得大迦葉要把他逐出僧團……。甚至連釋尊所說的，文殊都要詰問一番。這樣「別具顛覆性格」的文殊，似乎沒有人受得了他，在當時僧團裡確實人緣極差。

文殊如此快意言行，在當時確實引起許多負面的反應。只要他開口說話，就讓人感覺如坐針氈，渾身不自在，我們來看看他對眾人說法的「實況」：

1.阿闍世王：造了殺父逆罪的阿闍世王，想到罪惡的深重，內心疑悔不安，請文殊說法，盼能解脫內心的疑悔。文殊卻對他說：「不要說我文殊，就是如恆河沙數的佛，也不可能為你說法，當然也不會解除你內心的疑悔。」阿闍世王一聽，驚怖不已，竟從座位上跌下來！這故事記載在《阿闍世王經》。

2.商主天子：商主天子一連兩次對文殊說：「世間眾生聽你所說，一定會感到害怕！」文殊似乎不以為意，說：「如果諸法的實相讓人感到害怕的話，世間也同樣使人感到驚恐，為什麼呢？一切世間不離實相。」而在問答中，文殊說他自己慳貪、破戒、瞋恚、懈怠、散亂心且缺乏智慧等。這故事記載在《商主天子經》。

3.二百比丘：有次文殊說法時，指出法界體性因緣其實是不可說的，當場有二百位比丘聽了，即起身說：「如果沒有解脫這回事的話，我們又何必出家修道？」說完後憤而離開。這個故事記載在《法界體性無分別經》。

4.五百比丘：有一次，文殊巡視比丘寮房，看到舍利弗入定，便為他說無依、無念、無捨離的禪法，五百位比丘說：「我不想見到文殊的人，也不想聽到他的名字，文殊所說的法，不符合出家人所應修的梵

行」，因而想起身退去。這故事記載在《文殊師利巡行經》。又有一次，五百位比丘聽了文殊所說，便從座起，竊竊私語說：「修梵行本就是要得到滅度，哪有人說得滅度者是空的，那還修什麼行啊？」因此，根本不認同文殊所說。這故事記載在《持心經》。

▌文殊總能巧妙地度化不信的眾生

這般嚴厲甚至不為人留情面的文殊，連佛陀也說：「文殊師利！憍慢眾生若聞此法，生於驚怪。」可見文殊的教法不是常人、常情所能接受的。

儘管經典中記載許多人並不認同文殊所說的大乘法，不過大乘經典的產生，意在達到教化效果，因此，經典中的文殊或展現神通，或由進一步解說，總能一語驚醒夢中人，巧妙化解疑慮或排拒，使不信的人轉而信仰大乘法。

如《文殊師巡行經》中所說，想退席的五百位比丘，在文殊勸化之後，四百位比丘欣然接受，因而得到解脫；另一百位比丘並未回心轉意，起了惡心而墮地獄。但他們因為聽聞此深法的因緣，將來速得生天，在彌勒會中得解脫。又如《法界體性無分別經》記載，當二百位比丘憤然離去後，文殊化身作一位比丘，與他們談論，使他們悟解無染淨、無縛脫的深義，得到無漏解脫。後來這二百位比丘回頭，脫衣供養文殊。

文殊菩薩
6-7世紀（隋代）
敦煌石窟莫高窟第276窟西壁
文殊菩薩具有顛覆性格，言行舉止與眾不同，說話直接，經常得罪僧眾或國王，完全沒有一般菩薩的慈眉善目，可說是另類教化。

文殊膽大妄為到連佛都敢殺？

這是一個運用智慧與膽識，化解修行險境的故事。一群有宿命通的弟子，不敢面對自己前世業障而影響修行，於是文殊冒著殺佛會下地獄的重罪，一劍斬斷眾生執著於生死的妄想。

▌為了五百位弟子，文殊提劍殺佛？

文殊提劍要殺佛？這是怎麼回事呢？在《如幻三昧經》中，有個令人驚心動魄、宛如電影情節的畫面：

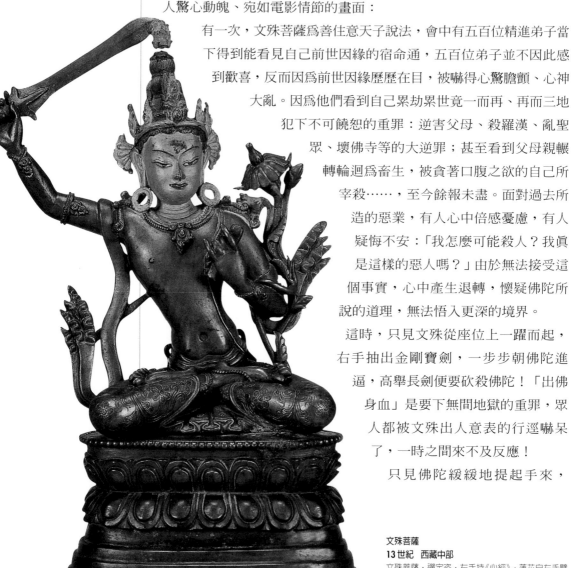

有一次，文殊菩薩為善住意天子說法，會中有五百位精進弟子當下得到能看見自己前世因緣的宿命通，五百位弟子並不因此感到歡喜，反而因為前世因緣歷歷在目，被嚇得心驚膽顫、心神大亂。因為他們看到自己累劫累世竟一而再、再而三地犯下不可饒恕的重罪：逆害父母、殺羅漢、亂聖眾、壞佛寺等的大逆罪；甚至看到父母親輾轉輪迴為畜生，被貪著口腹之欲的自己所宰殺……，至今餘報未盡。面對過去所造的惡業，有人心中倍感憂慮，有人疑悔不安：「我怎麼可能殺人？我真是這樣的惡人嗎？」由於無法接受這個事實，心中產生退轉，懷疑佛陀所說的道理，無法悟入更深的境界。

這時，只見文殊從座位上一躍而起，右手抽出金剛寶劍，一步步朝佛陀進逼，高舉長劍便要砍殺佛陀！「出佛身血」是要下無間地獄的重罪，眾人都被文殊出人意表的行逕嚇呆了，一時之間來不及反應！

只見佛陀緩緩地提起手來，

文殊菩薩
13世紀　西藏中部
文殊菩薩，禪定姿，左手持《心經》，蓮花自左手臂悠然而升，代表智慧無盡。右手揚起寶劍，代表能斬斷一切無明。（鴻禧美術館黃華源、王順成攝）

說：「且止！且止！勿得造逆，當以善害！……彼無有罪，亦無害者；誰有殺者？何謂受殃？如是觀察惟念本際，則能了知一切諸法，本悉清淨，皆無所生。」佛陀要文殊且慢一步，先想好要殺的方法。刺殺佛陀是可以的，但必須符合善法，否則就必須承擔因果循環的報應。倘若文殊今日殺我，乃是因為我過去有殺文殊的因，所以今天獲得被殺的果。如果真的有一個實在的人，而你將他殺死，這才會構成你的殺害之罪，使你感受到罪殃之報。

佛陀的五百弟子在深度禪修中深陷於執著生死妄想之中，無法自拔，文殊眼見他們多時的修行即將毀於一旦，當下立即演出提劍殺佛，斬斷弟子們的煩惱邪見。（王露攝）

然而世間一切諸法皆如幻如化，我與人的生命體亦復如幻如化，既沒有實在的我，亦沒有實在的人，一切皆空，那麼試問你執劍想殺害的人是誰？將來又會受到怎樣的業報？就如芭蕉、夢影、野馬等諸法般虛妄不實，哪裡有殺者與被殺者？既然一切法皆如幻如化，我人之性也不可得，當然就無所謂殺人和殺人的罪責了！

文殊與佛陀一來一往間，使五百位菩薩體悟解一切如幻、罪惡之性如幻，現在為曾經犯過的錯而憂悔，只是徒增困擾、毫無助益！五百位弟子根器銳利，一點就懂，立即到達解脫境界，感動之餘以偈讚嘆文殊：「文殊大智慧，諸法度無極，手自執利劍，馳走向如來，佛亦如利劍，二事同一相，無生無所有，亦無有害者，兩足尊見之，眾生所作罪，令知殃福業，亦悉是空耳。」

▌慧劍斬情絲

文殊以非常手段——驚心動魄的仗劍殺佛舉動，讓原本深陷苦惱的五百位弟子從情緒的束縛中掙脫出來！文殊之所以敢仗劍殺佛，是佛陀的用心良苦，指示文殊創造情境以藉機說法，解開弟子們的心結。除此之外，文殊手中的那把金剛劍，也成了故事中最鮮明的配角。

到底文殊的金剛寶劍有什麼涵意呢？在文殊仗劍殺佛的舉動之後，在場的其他諸佛告訴他們的侍者：「彼有菩薩，名文殊師利，成不退轉，手執利劍馳走向佛，欲得開化不達菩薩。因是之故，時佛大聖手執慧刀斷生死原，如應說法，勸無央數眾生之類，使眼清淨心得解脫。逮成法忍學住大道。」文殊仗劍殺佛，其實是佛陀以智慧刀，斷除眾生執

著於生死的妄想，所以文殊手中的寶劍，是代佛說法的智慧劍，是能斷除一切煩惱邪見的銳利之劍。

只是這一幕畢竟太違反常理，佛陀怕會中有新學者，因根機不足而無法接受，所以便以神力讓他們「不見執劍，不聞說法」──看不到文殊仗劍殺佛的舉動以及佛陀後來的開示。

利根的五百位弟子，見文殊菩薩一提智慧劍，便能體會宿世因緣果報是虛妄不可得；鈍根如我們，沒有神通可以觀察到自己的宿世因緣果報，又該如何面對前世無明可能種下的惡因呢？前世不可知，只有珍惜此生，善自修行，創造善緣，同樣可以成就善果。怕只怕自己作繭自縛，陷入重重的束縛而受苦。因此，要從剪不斷、理還亂的情緒中理出頭緒，還得學習文殊菩薩以慧劍斬斷情絲了。

文殊菩薩唐卡　18世紀
文殊左手持《心經》，右手垂下，握著蓮莖，右肩上盛開的藍蓮盛載著一把智慧劍。智慧寶劍象徵佛陀說法，直截而銳利，能慧劍斬情絲，然而它的實相卻也如執著於生死的妄想般是虛幻的。（盧嘉興文教基金會提供）

▌智慧劍雖如佛說法，也是虛幻

仗劍殺佛的故事中，更進一步討論智慧劍的實相也是如幻如化。

舍利弗問文殊：「你以前所做的事情如此凶逆，如何讓人信任？更何況今天還竟然敢持劍殺佛！」文殊回答：「就如魔術師知道所做的一切都是虛幻的，並非真的造作逆罪，所以行為與果報皆是虛無的。」

文殊又問：「我這把劍是誰鑄的？誰取來的？」舍利弗回答：「無人鑄作，也無人取來，是文殊菩薩所化現的！」文殊說：「這把劍其實就如佛陀所說，是如幻如化的，連佛陀本身也如利劍般宛如幻化。不僅如此，文殊、舍利弗、眾生、諸法皆是如此。」文殊最後結論道：「文殊所執之劍、所作之罪、所得之果報，一切皆是如幻如化。」

神通廣大的文殊如何度化衆生？

文殊常以神通化導，示現殘殺、淫欲等行爲，或鬼、畜、外道、魔王等形象，強調「方便」的重要。什麼是「方便」？「方便」是適應環境、根性的方法。衆生的根機不一，必須用方便去引導至眞實的佛法。

《維摩詰所說經》說：「智度菩薩母，方便以爲父，一切衆導師，無不由是生。」般若與方便，是成佛的兩大因素，且是相輔相成的。沒有方便的般若（智慧），只能成就聲聞小果；沒有般若的慈悲方便，只是人天善業，對佛道來說，兩者都是繫縛。只有般若與方便的相輔相成，才能實現大乘的不思議解脫。

▍展現神通，示現種種種相

原始佛教時代，佛陀嚴禁弟子以神通獲得供養，甚至禁止以神通教化衆生。因爲他明瞭，沉迷於神通將帶來意想不到的危險，會加深對自我的欲望與執著。即使是號稱「神通第一」的目犍連，佛陀也不全然贊成他使用神通。例如有一次，在佛陀與僧衆居住的地區發生饑荒，比丘們無法乞食到足夠的糧食。目犍連便問佛陀，他是否可以把地翻過來，好取得地下的養分。但佛陀制止他，因爲這將造成許多生靈死亡。於是，目犍連又提議以神通力開闢出一條通往其他國家的道路，讓比丘們得以前往乞食。但是，佛陀也制止了他的計畫。

又有一次，弟子賓頭盧想以神通力取下高掛在城裡的寶缽，以證明佛陀的僧伽勝過其他教派，不料卻被佛陀斥責：一個比丘不該只爲了取悅他人而表演神通。由此可知，佛陀對於神通的運用是如何謹愼了。

到了大乘佛教時代，菩薩運用神通的情況卻非常普遍，這是由於大乘佛教以度化衆生爲首要任務。在《文殊師利現寶藏經》中，文殊即告訴大迦葉，度化衆生應該「隨一切人本而爲說法，令得入律。」可以從大清淨行或神通變化，運用種種方便，化現各種色像、身分來度化有情(註1)。

因此，我們可看到大乘經中，文殊常以神通化導，示現殘殺、淫欲等行爲，或示現爲鬼、畜、外道、魔王等形象，都是文殊菩薩利益衆生的方便。如《放缽經》中，有個人殺了自己的母親，文殊爲度化他，便化作一個人，同樣殺害了自己的父母，文殊並約殺母的人同去見佛。佛陀開示心性本淨之法，文殊所化現的那個人因此深信無作者、受者、生

者、滅者，而出家成阿羅漢，得到解脫；而文殊要度化的殺母者，也出家證得阿羅漢果。又如《魔逆經》提到，文殊爲大光天子說佛法寂滅的要義，當時惡魔要來擾亂，文殊以三昧力，使魔見到自己被繫縛了，而文殊變魔如佛，爲六大比丘說修行的繫縛等。

▌進入眾生的世界

文殊認爲菩薩度眾生，要以各種方式進入眾生的世界——可以與眾生一起戲樂、共行、遊觀供養，或以錢財往來，或藉由貧窮慳貪，都能助人修行，因爲「人之本行，若干不同，亦爲説若干種法而得入道」[註2]。菩薩順應眾生的一切心行而作佛事，但不爲世間法所染，不離一切而又超越一切。

佛法的目的在於度化眾生，既然要度化眾生，就必須適應眾生的根性好樂，不能拘泥於律制謹嚴的生活。菩薩打破出家與在家的界限，不拘小行，示現種種方便，一如在《楞嚴經》中，文殊所說的：「歸元性無二，方便有多門，聖性無不通，順逆皆方便。」

註1：《文殊師利現寶藏經》卷下‧西晉‧竺法護譯，《大正藏》第十四冊。

註2：同上。

文殊菩薩
16世紀（明代） 北京法海寺壁畫
此幅文殊菩薩有滿月般的面容，渾圓厚實的身軀，穿著華麗菩薩裝，衣褶線條清晰流暢。身上佩戴的珠寶纓絡刻繪細緻，從耳環、項鍊、手環、臂環、腰飾到足鍊一應俱全，將菩薩的莊嚴華麗表現到了極點。從這圖中可見到當時中國社會所流行的珠寶飾物的材質與造型。

誰是文殊菩薩的最佳拍檔？

如果說文殊是行為最怪異的出家比丘，維摩詰就是最怪異的在家居士了。他倆人一搭一唱，演出了讚嘆大乘、呵斥小乘的《維摩詰所說經》傳奇，可說是最佳拍檔。

維摩詰，梵名Vimalakirti，意思是潔淨、無染污的人，所以又稱為「淨行居士」。維摩詰在大乘佛教中赫赫有名，備受尊崇，被文殊形容成「彼上人者，難為酬對。深達實相，善說法要，辯才無滯，智慧無礙；一切菩薩法式悉知，諸佛祕藏無不得入；降伏眾魔，遊戲神通，其慧方便，皆已得度」。到底維摩詰居士是怎樣一號人物？

▋維摩詰是佛經中傳奇的在家居士

經典裡說維摩詰是佛陀時代的在家弟子、中印度毘舍離城的長者。他的家境富裕，妻妾眷屬成群，從不忌諱擁有世間的物質享受。他可以身穿華服，結交帝王權貴；也可以游走尋常百姓家，解決他們的需要；甚至穿梭於妓院、賭場等風月場所，勸人向善；也願意結交不同宗教信仰的人士，討論信仰。為人不拘常節，古道熱腸，隨機應教，行善布施，很受人景仰。他人雖在俗塵，卻精通大乘佛教教義，智慧高超，辯才無礙，神通廣大，連釋迦牟尼佛的弟子都自嘆不如。

這麼一位擁有世間諸多財富與妻妾的在家居士，修行境界卻能超越佛弟子，他究竟是何方神聖？能有如此「道行」？經典上說原來他是東方阿閦佛妙喜世界的菩薩，為輔助釋尊，說法度眾生，才示現在人間。

維摩詰經變
7世紀（隋代） 敦煌石窟莫高窟
第420窟西壁
取材於《維摩詰所說經》〈問疾品〉的壁畫。眾菩薩、弟子、天人齊聚斗室，維摩詰端坐於几帳後，與文殊對答的情景。

▋維摩詰生病，沒人敢理會？

維摩詰最有名的故事是：維摩詰生病，釋尊想要派弟子前往探視，結果眾弟子與菩薩們個個都避而遠之。最後，不得不請出「智慧第一」的文殊前往探病。為什麼眾人都不敢去探病呢？這當中有何玄機？在《維摩詰所說經》有詳細的記載：

維摩詰臥病在床，釋尊知道了，於是請大弟子舍利弗去探病，舍利弗說：「我不敢去，因為以前我在樹林裡禪坐，維摩詰就來了，告訴我『不捨道法而現凡夫事』、『不斷煩惱而入涅槃……』才是真正的

禪坐，我無法回應，所以我無法擔任探病的任務。」

接著釋尊又要目犍連去探訪，目犍連說：「我不敢去，因爲以前我在里巷爲居士說法，維摩詰就來了，告訴我『夫說法者，無說無示，其聽法者，無聞無得』，這才是真正的說法，我無法與之對辯，所以要去探他的病實在有困難。」

接著釋尊要大迦葉前去，大迦葉也說出了自己的遭遇——在貧里行乞時遇到維摩詰，被他開示「住平等法，應次行乞食」的道理，想起維摩詰的智慧辯才，還是不去的好。

釋尊問須菩提時，須菩提更是不敢去，因爲他在乞食時，遇到維摩詰，維摩詰拿了他盛滿飯的缽，告訴他：「雖成就一切法，而離諸法相，乃可取食」，結果須菩提一聽都呆

了，不知維摩詰在說什麼，也不知該如何回答，把缽放了就要走出去……，所以須菩提當然也不敢去探病了。

接著佛陀又問富樓那、迦旃延、阿那律、優波離、羅睺羅，眾人各自述說與維摩詰的交手經驗後，都表示不敢去。最後佛陀問阿難，阿難說，因釋尊生病他外出托缽牛乳，當他持缽在婆羅門家門口時，維摩詰來了，問他爲何這麼早就在此托缽。阿難說明完原因後，維摩詰說：「如來身者，金剛之體……。當有何疾？當有何惱？」還要阿難別毀謗如來，嚇得阿難不知如何是好。現在怎麼可能再去探病呢？

原來佛的十大弟子都被維摩詰「修理」過，承認自己的智慧辯才都不及維摩詰，在他面前真的無以酬對，所以都不敢去。佛陀只好商請菩

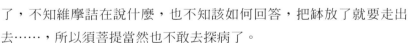

維摩詰居士
7世紀（盛唐） 敦煌石窟莫高窟
第 103 窟東壁

取材於《維摩詰所說經》〈問疾品〉的壁畫。維摩詰是大乘佛教裡頗具傳奇色彩的在家居士，也是大乘佛法不可缺席的角色。透過斗室探病，此處維摩詰正和文殊菩薩演出一場空前絕後的大乘佛法對談。維摩詰手持扇子，豪放地坐於高足几帳中，正對文殊發出一道道問題，冷靜卻又咄咄逼人。

薩代爲探視，誰知彌勒、光嚴童子、持世菩薩也同樣不敢去，最後是文殊菩薩代表佛陀前去探病。這可是一場千古難得的盛會，兩位世上智慧高超、行徑特異的人交手，會有什麼結果？每個人都很好奇，於是，有八千菩薩、五百聲聞和百千位天人，一起跟隨文殊菩薩，浩浩蕩蕩地前往維摩詰住所探病。

▌斗室探病，演示「不二」

維摩詰得知文殊要來，便運用神通力將房間化爲斗室，不見一物，只留一張床，然後躺在床上等候。

文殊一進門，便問：「居士，你的病好點了嗎？釋尊很關心你。你生的是什麼病？什麼時候才會好？」

聽似極爲平常的問候語，維摩詰的回答卻很玄：「從癡有愛，則我病生；以一切眾生病，是故我病；若一切眾生得不病者，則我病滅。所以者何？菩薩爲眾生故入生死，有生死則有病；若眾生得離病者，則菩薩無復病。譬如長者，唯有一子，其子得病，父母亦病。若子病愈，父母亦愈。菩薩如是，於諸眾生，愛之若子；眾生病則菩薩病，眾生病愈，菩薩亦愈。又言是疾，何所因起？菩薩疾者，以大悲起。」原來菩薩之所以得病，是因眾生有病，菩薩不捨，起大悲心，所以得得病。

文殊又問：「怎麼房間裡空盪盪的，難道你沒有侍者嗎？」維摩詰

**維摩詰經變局部
10世紀（五代）敦煌石窟莫高窟
第98窟**
前來觀看熱鬧的各國王子或官員。最右邊兩組人，穿著短褲，應是來自炎熱的南方諸國的官員，中間則是三位穿著中國官服的中國官員，而站在中國官員後面的應是來自西域各國的官員。從這圖中可以看到各式帽子：皮帽、毯帽、山形帽、紅毯高帽、繡花錦帽、翻沿帽、搭耳帽等。

答：「諸佛的國土與這房間皆一般空。」接著文殊問了一連串關於「空」的問題，維摩詰告訴文殊：「所謂的『空』要從外道的六十二種邪見中求；而佛的境界要在眾生中求……」藉此一問一答，兩人隔空交手，闡明空境。更妙的是，維摩詰還回答了文殊問他為何「無侍者」的問題：「又仁所問：何無侍者？一切眾魔及諸外道，皆吾侍也。所以者何？眾魔者樂生死，菩薩於生死而不捨；外道者樂諸見，菩薩於諸見而不動。」看來維摩詰比文殊還酷呢！竟然所有的魔與外道都是他的侍者。

就在這斗室裡，文殊和維摩詰以種種問答，演繹大乘佛教義理，一招接一招，法語珠玉，大眾為之目眩神馳。

最後維摩詰問菩薩如何觀視眾生，如何通達佛道「不二法門」？在座除了文殊外，有三十一位菩薩各自說出自己體悟的不二法門，大家均以「二」而解說「不二」。最後問到文殊菩薩，文殊答言：「如我意者，於一切法，無言無說，無示無識，離諸問答，是為入不二法門。」文殊接著問他的「不二法門」為何？維摩居士默然無言。文殊嘆道：「善哉！善哉！乃至無有文字語言，是真入不二法門。」

「不二」是文殊法門的核心教義，指出萬法性空無有差別，一切煩惱根源都在於人們認知上有虛妄分別：你我、善惡、生死等，因著煩惱造出種種業，所以眾生病了。眾生病，菩薩也就病了。

以文殊與維摩詰的滔滔口才來談「不二法門」，卻是「默然」。這真的是一種超乎語言、文字形容的極致意境。語言、文字有其侷限，再多的語言、文字都比不上親證體悟，如同用再多的語言來形容花香，也比不上親聞的甜美。

所以，維摩詰裝病，為的是設機說法，破除一切眾生之病！而維摩詰如響雷般的一默，更增添了《維摩詰所說經》的戲劇色彩。

維摩詰經變局部的供養菩薩
10世紀（五代）
敦煌石窟莫高窟第98窟

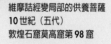
《維摩詰所說經》

《維摩詰所說經》是文殊法門的代表作品，也是中國古來較流行的大乘經典之一。現存有三國吳·支謙譯的《維摩詰經》二卷、姚秦·鳩摩羅什譯的《維摩詰所說經》三卷、唐·玄奘譯的《說無垢稱經》六卷，最流行是鳩摩羅什的譯本。

《維摩詰所說經》記載了維摩詰的種種事蹟，而且藉由大乘典型菩薩，分別示現在家與出家身分的維摩詰居士與文殊菩薩，討論文殊法門的核心義理——「不二法門」。經中維摩詰與文殊的機鋒對話，精采萬分，被認為是契入智慧門的重要指引。

這部經之所以普受歡迎、廣為流傳，除了高潮起伏的故事情節引人入勝之外，同時也是一部具有實際指導修行作用的寶典，經中提出許多在家居士修行的原則與心態，調和世間與出世間的矛盾，展現圓融的人生態度，堪稱在家菩薩的修行指南。

第 82-83 頁圖：
維摩詰經變之維摩詰居士
10 世紀（五代）
敦煌石窟莫高窟第 98 窟

右圖：
維摩詰經變之文殊菩薩
10 世紀（五代）
敦煌石窟莫高窟第 98 窟

最愛向天人說法的菩薩是誰？

文殊五髻相與大梵天、帝釋天五髻樂神造型十分接近，且爲適應印度當時婆羅門教崇拜梵天的信仰，所以文殊說法的對象以天人居多。

「阿含經」中，常出現天人、阿修羅、乾闥婆、夜叉等，他們偶爾參與法會聽聞釋尊說法，但在傳統佛法地位不高，也並非主角。到了初期大乘經，參與法會、問答法義的，大多是須菩提、舍利弗、阿難等大弟子，參加法會的天人也只是歌頌讚嘆，散華供養。

而文殊法門的經典中，參與法會者，除菩薩以外，全都是天人（天子），他們還與文殊問答法義，甚至有些經典還是專爲天人而說，如《持心梵天所問經》記載：「持心梵天白世尊曰：溥首童眞在斯眾會，默然而坐，無所言講，亦不談論！佛告溥首：豈能樂住說斯法乎？」《須眞天子經》、《商主天子經》、《法界體性無分別經》，也都是由於天人的請求而說法的。

文殊法門應天人（主要是欲界天神）的請求，爲之說法，這表示什麼呢？

▌從神祇採借來看

首先，文殊以「童子」的形象出現，與大梵天有密切關係。而梵天正是童子造型，所謂「常童形梵天」，《大典尊經》與《闍尼沙經》說到梵王出現的形相是：「有大光現……時梵天王即化爲童子，五角髻」，《毘婆沙論》也說：「大梵即放光明，便自化身爲童子像，首分五頂，形貌端嚴」。如此看來，五髻文殊相與大梵天五角髻的童子相十分相近。文殊的童子造型取材於梵天，是極有可能的。

另外，文殊的造型與帝釋天的五髻樂神也相當類似，《帝釋所問經》提到，帝釋樂神五髻，彈奏琉璃琴，以歌唱娛樂世尊。代表原始佛教時代已經出現五髻樂神，這五髻樂神極可能被大乘佛教作爲文殊菩薩的神祇採借。有學者便主張：「五髻樂神的流傳，以及文殊菩薩的信仰，似乎來自同一個神話源頭——相信有一個永遠年輕的神。」

值得注意的是，帝釋天五髻樂神與大梵天，兩者皆屬於天界，前者屬於欲界，後者屬於色界。所以，文殊與天人的關係極爲密切。

█ 從適應印度社會民情來看

　　以「梵天」為至高無上之神的婆羅門教，原本就是印度本土的信仰，雖然在原始、部派佛教流行的時代，呈現式微，但到了大乘佛教興起的時代，婆羅門教已經逐漸抬頭，為了能讓更多人接受佛法，大乘佛法必須得適應印度社會民情。因此，在大乘佛教中，便出現一種修學菩薩道的行者，他們對於婆羅門教的「天法」有基礎的根機，以「天法」為方便而融攝於佛法，稱為「天菩薩」。這類的菩薩道行者，特別注重信仰及飲食男女等欲望，以天國為理想國，而天神、天人則是他們所崇拜、嚮往的對象。

　　而在大乘佛教初期的文殊法門，文殊即專為天人說法（主要為欲界天神說法），並且在文殊法門中，這些修學菩薩道、且未來在天上成佛的天人——他們的地位勝過在人間修學聲聞的行者。這代表了文殊法門本身對「天法」的肯定，也代表著初期大乘時期，佛法為適應印度民情而有所調整的新發展。

　　所以，大乘佛教的嶄新思潮——文殊法門，受到天人們的熱烈推崇。許多文殊經典中，讚嘆、歌誦文殊的皆是天人，甚至《文殊支利普超三昧經》說：「溥首童真所可遊至，則當觀之其土處所，悉為如來，無有空缺，諸佛世尊不復勞慮。」這與佛對舍利弗的稱嘆一樣，不難看出大乘以文殊取代舍利弗，且融合了印度婆羅門教的色彩。

甘肅安西榆林窟經變圖局部
13-14世紀（元代）
在文殊法門的經典裡，文殊常應天人的請求而說法，這代表大乘興起初期，為了讓更多人信仰佛法而努力地融合了印度婆羅門教的色彩。

28 文殊教法與禪宗有異曲同工之妙？

在初期大乘佛教，文殊法門教化方式獨樹一格，顛覆了傳統佛教的表達方式。文殊出格的語言與戲劇化的行動，與中國禪宗的教化方式，有著異曲同工之妙。

近代有人以「解構主義」、「行爲藝術」，來詮釋中國禪宗的非邏輯性語言、矛盾式行爲等，以這觀點來看文殊法門，似乎也頗爲契合。兩者在表達方式有許多雷同之處，所表達的內涵也很相近，可見中國禪宗雖是最具有地域文化特色的佛教宗派，但與發源於印度的文殊法門，有許多不謀而合之處。

▌「直說深法」與「頓悟成佛」

不論聽者的根器如何，文殊法門一定直說大乘甚深法，要行者當下悟出佛法深意。這種教化方式近似禪宗的「直指人心」、「頓悟成佛」。

「南泉斬貓」是禪宗有名的公案，記載於《景德傳燈錄》。一次，東、西兩堂僧眾在爭論貓有無佛性時，被南泉普願禪師聽到了，就抓起貓對他們說：「誰能說出貓到底有無佛性，說出來這隻貓就可以得救，否則我就把貓殺掉！」結果無人能答，南泉就將那隻貓殺了！後來趙州禪師從外面回來，南泉重述前面的話，趙州立即脫下鞋子頂在頭上走了出去。南泉於是感嘆說：「如果趙州在場的話，貓就有救了！」

趙州的戲劇化行爲，與文殊教法異曲同工，同是爲了要破除「有」、「無」的對立分別，闡明此種爭辯無關生死問題，讓人當下破除妄想執著，而看到如幻、如化的實相。

▌「諸法是菩提」與「平常心即是道」

文殊法門最大的特色是主張「諸法是菩提」，所以說「在于一切，一切亦道」，佛境界要在煩惱中求，在一切境界中求。

禪宗《碧巖錄》說：「一切語言，皆是佛法。」廣義地說，世俗語言與解脫境界在本質上並無差別，語言可以幫助我們成就智慧。禪宗公案之所以能成立，被認爲是成佛的津梁，與此觀念有關。

所以，禪宗也認爲「平常心即是道」，有一則「洗缽去」的公案，便闡明這個主旨。一位剛出家的僧人問趙州禪師：「弟子愚昧，請禪師開導我修行的方法。」趙州便問：「吃過粥了嗎？」僧人：「吃過了。」

趙州又說：「那麼把缽洗一洗吧！」僧人當下有所省悟。

文殊與禪宗都認為，在日常生活與萬事萬物中，正是可以體會佛法之處，以一顆平常心、離相無分別的心，才能契入佛道。

▍「仗劍殺佛」與「呵佛罵祖」

文殊仗劍殺佛的典故，令人想起禪師們「呵佛罵祖」、「燒毀佛相」、「向佛吐痰」等如此驚世駭俗的行徑，兩者皆有直指人心的特色。

「丹霞燒佛」的公案是這樣的：寒夜深雪，丹霞禪師來到慧林寺掛單。半夜，他竟把大殿裡的木雕佛像取下來燒火取暖。住持見了大吃一驚，大聲呵斥：「你這是做什麼！」只見丹霞以手杖撥著灰燼，慢條斯理地說：「我要把它燒出舍利子呀！」「木雕佛像怎能燒出舍利子！」住持回答。丹霞聽了便說：「既然木製佛像燒不出舍利子，要它何用？再取一尊來燒吧！」

仗劍殺佛的文殊，在禪宗裡，也成了禪師們斬殺的對象。《景德傳燈錄》記載，祇林經常手持桃花劍亂舞著說：「文殊、普賢都是妖怪、鬼魅！」並且大叫：「魔來了！魔來了！」以劍亂揮，躲入方丈室……。看來禪宗的種種「誇張」舉動，比起文殊，毫不遜色。

▍「無言無說」與「不立文字」

文殊法門「無言無說」而直指法性，禪宗也主張「不可說」、「不立文字」，其中最有名的例子，自然是「拈花微笑」的公案：釋尊在靈山會上，大梵王以妙法蓮花奉獻給釋尊。釋尊接下後，無說無言，但拈蓮花，入大會中。這時，大眾皆默然無聲。大迦葉見世尊拈花示眾佛事，即破顏微笑。世尊說：「我有正法眼藏，涅槃妙心，實相無相，微妙法門，不立文字，教外別傳，總持任持，凡夫成佛，第一義諦，今方付囑摩訶迦葉。」禪宗「不立文字，教外別傳」的眞義，就在釋迦拈花、迦葉微笑的無言裡，傳遞下來。類似這樣「不可說」的公案，屢屢出現於禪宗中。

不可否認地，文殊教法給了禪宗很大的啟發，文殊結夏期間與淫女、小兒安居三月，受到迦葉驅逐，文殊現神通、說法的典故，也成了禪宗的公案──「文殊過夏」。而禪宗更相信「鬱鬱黃花無非般若」、「青青翠竹盡是法身」即是文殊的境界。

文殊信仰在印度曾廣為流行嗎？

從現存史料來看，西元五世紀，印度民間確實有供養文殊菩薩，不過文殊造像卻在七世紀以後的伊羅拉石窟中才被發現。

現存的史料記載

雖然，文殊菩薩很早就出現在大乘經典並擔任重要角色，但在印度有關文殊信仰的記載卻甚少，目前我們所能找到有關文殊信仰最早的史料紀錄，是中國僧人所留下的兩本印度遊記——《佛國紀》、《大唐西域記》。

先來看東晉僧人法顯的《佛國記》。法顯（337-422）是中國的第一個抵達印度巡禮佛跡、求取經律而歸的僧人，他曾在西元 400 年左右旅行至印度秣菟羅，記錄了大乘僧人禮拜文殊菩薩的情形。《佛國記》（又名《法顯傳》）記載：「過是諸處已到一國，國名摩頭羅……國王篤信佛法供養眾僧……眾僧住處作舍利弗塔、目連阿難塔，并阿毘曇律經塔。……摩訶衍人則供養般若波羅蜜、文殊師利、觀世音等。」

經文中，「摩頭羅」就是秣菟羅（Mathura），法顯看到「摩訶衍人（大乘人）供養般若波羅蜜、文殊師利、觀世音等。但此處所供養的是否為雕像，則不得而知，因為法顯所描述的「佛法轉盛」的摩頭羅國流行供養塔，所以他們供養的極有可能是文殊菩薩的塔。

其次，唐代玄奘大師（602-664）的《大唐西域記》也同樣記載了他在秣菟羅國看到人們禮拜文殊菩薩塔的情形。《大唐西域記》卷四中寫著：「秣菟羅國，周五千餘里。國大都城周二十餘里。……釋迦如來諸聖弟子遺身窣堵波。謂舍利子、沒特伽羅子、布刺拏梅呾麗衍尼弗呾羅、鄔波釐、阿難陀、羅怙羅、曼殊室利諸菩薩窣堵波等。」窣堵波就是指佛塔，玄奘所看到的文殊信仰，很明顯的信徒所供奉的是文殊菩薩的塔。

按照法顯與玄奘的紀錄，西元五世紀至七世紀，印度民間確實流傳著文殊信仰。

考古上的蛛絲馬跡

那麼，現存的造像遺跡又告訴我們哪些更確切的訊息呢？

西元一、二世紀左右，位於印度北部的貴霜（Kushan）王朝，因逢大乘佛教的興起，對於造像供養的功德有著無比的推崇，於是誕生了兩

阿姜塔石窟佛像
4-6世紀 印度阿姜塔第 19 窟
雖然印度很早便出現文殊信仰，但清晰而可以辨識的文殊造像卻要晚至西元八世紀以後。開鑿於西元二至七世紀時期的阿姜塔石窟，常見一佛二菩薩形式的佛像，但並未出現能清楚辨識的文殊造像。（鄭永華攝）

左圖：
印度伊羅拉石窟
據學者研究，建造於西元七至八
世紀的伊羅拉石窟，才開始陸續
出現文殊菩薩造像。（鄭永華攝）

下圖：
文殊菩薩與閻曼德迦
約10世紀 東印度地區 帕拉時期
此尊文殊造像，已出現《心
經》、蓮花等象徵元素，其風格
亦深受印度密教的影響。（蘇富
比提供）

大藝術中心，分別是在西北部的犍陀羅（Gandhara，今巴基斯坦西
北、阿富汗東部），和印度中部恆河中上游地區的秣菟羅。犍陀羅的藝
術從貴霜王朝開始，約持續了四百年左右，到四、五世紀笈多王朝時已
沒落；秣菟羅的藝術從西元二、三世紀的貴霜王朝一直延續到四、五世
紀的笈多王朝。這個時期遺留下來最常見的塑像是釋迦牟尼佛、燃燈
佛、觀音菩薩、彌勒菩薩等，但卻沒有發現文殊菩薩的塑像遺留。

在同一時期與北方貴霜王朝對峙的南方案達羅王朝（西元前一世紀
至西元三世紀），其位於南印的藝術中心——阿馬拉瓦提（Amaravati）
大塔中，也未發現文殊的造像。

另外，在印度笈多王朝開鑿的阿姜塔（Ajanta）石窟也未找到文殊
塑像，阿姜塔石窟的佛教藝術從西元二世紀一直續到七世紀。

不過在笈多王朝開鑿的另一個石窟——伊羅拉（Ellora）石窟的
第十一窟，結跏趺坐的如來像的兩側，文殊與度母、觀音、彌勒
站在一起，都是頭戴寶冠、身著纓絡的菩薩裝扮，建造時間約在
西元七、八世紀之間，這是我們目前發現最早的文殊造像。

不過這裡出現的文殊，還未出現明顯的辨識特徵，一直要到西
元八世紀以後印度帕拉（Pala）王朝，才開始出現具有明顯辨識
特徵的文殊菩薩。帕拉王朝時期的佛教特色是顯密並重，其佛
教造像滲入了大量印度教的元素，每尊佛菩薩都有明顯的辨識
特徵，此時的文殊造像已出現蓮花、《心經》等辨識持物。

文殊信仰何時傳到中國？

西元一世紀，大乘佛法興起於印度；西元二世紀，隨著大乘典籍傳入中國，文殊菩薩也來到了中國，開啓了東亞世界的文殊信仰。

▌從經典的東傳來看

文殊菩薩是隨著東漢譯經家支婁迦讖所翻譯的大乘經典來到中國的。支婁迦讖，是最早將大乘佛教傳入中國的西域高僧，他所翻譯的大乘佛經對中國佛教發展影響極爲深遠。支婁迦讖於東漢桓帝末年（167）從月氏國（西域古國，今甘肅省中部西境及青海東境地）來到洛陽，譯經的年代是在靈帝光和、中平年間（178-189），比另一位有名的譯經家安世高稍遲。當時安世高翻譯了多部小乘經典，而支婁迦讖的譯經幾乎全屬大乘經典，可謂是大乘典籍在中國翻譯的開端。他所譯介的大乘經典，反映了龍樹時代以前印度大乘佛教流行的實況。

在支婁迦讖翻譯的典籍《道行般若經》中提到：「佛在羅閱祇耆闍崛山中，摩訶比丘僧不可計，諸弟子舍利弗、須菩提等。摩訶薩菩薩無央數，彌勒菩薩、文殊師利菩薩等。」《道行般若經》是中國最早譯出的「般若經」，經中文殊首度與彌勒菩薩等諸菩薩出現在中國人面前。

除了《道行般若經》之外，支婁迦讖還譯有《阿闍世王經》（異譯《文殊支利普超三昧經》）、《文殊師利問菩薩署經》、《內藏百寶經》、《首楞嚴三昧經》、《伅眞陀羅所問如來三昧經》等經典，都是以文殊爲中心，宣揚文殊菩薩的思想，對於文殊信仰在中國的傳播有著重要的影響。所以，在西元二世紀時，文殊菩薩就已出現在第一批翻譯的大乘經典中，與中國人結緣。

▌從造像遺跡來看

文殊經典傳入中國雖早，但文殊造像卻遲遲到西元六、七世紀隋唐時代才逐漸出現。追溯中國佛教造像的脈絡是這樣的：

佛三尊像
6世紀（東魏）
在魏晉南北朝時期，出現許多「一佛二菩薩」形式的造像，但大多無法辨識是哪位佛菩薩，此時期能辨識出來的菩薩，以彌勒菩薩居多。（震旦文教基金會收藏）

中國佛教造像大約始於西元三世紀，也就是東漢末年以後，隨後歷經南北朝、隋唐，也就是七世紀以後而成熟。

魏晉南北朝時期的佛像題材單純，大多數的佛像皆是單尊造像，偶有「一佛二菩薩」形式，但菩薩多無法辨識，若能辨識，則絕大多數為觀音、彌勒。這時期出現大量的彌勒菩薩單尊造像，顯見彌勒淨土信仰特別受民間歡迎。直到隋唐時代逐漸見到觀音、大勢至菩薩造像，顯見代表西方淨土思想盛行。

至於文殊造像，最早的紀錄可溯自西元六世紀隋文帝時代，曾下詔在五台山的「五頂各置寺一所，設文殊像，各度僧三人，令事焚修」，這是中國首度所見廣設文殊造像的紀錄。此後，文殊造像便陸續出現。例如在隋唐時期的敦煌壁畫中，以維摩詰經變圖和表現華嚴世界的文殊、普賢二組最為常見。

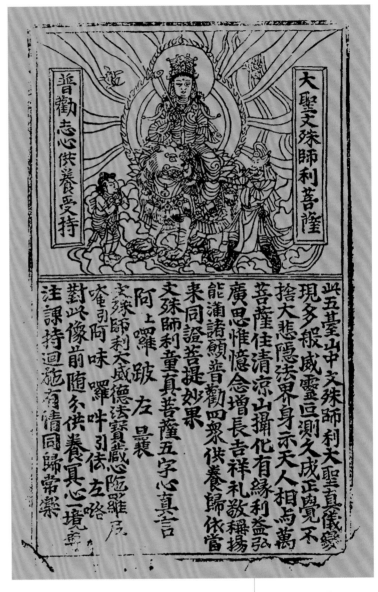

文殊菩薩供養像版畫
約 8-9 世紀（唐代）
唐朝尊崇文殊菩薩，此幅流行於唐朝民間的文殊供養像中，清楚描述文殊菩薩居住在五台山，前來度化眾生。文中亦出現文殊五字真言（即文殊心咒）以及大威德金剛咒語，顯見是融合了密教的文殊信仰。

另外，著名的洛陽龍門石窟奉先寺露天佛龕的華嚴三尊塑像，也是唐代的作品。文殊、普賢二菩薩成組出現，最早始於八世紀末，即《華嚴經》第三次翻譯之際，而在第十至十三世紀間更具影響勢力。

敦煌石窟有一中唐時期作品「千手千缽文殊像」，所代表的則是密教的文殊造像，這與唐代接受並發揚密宗信仰不無關係，也豐富了文殊的造像系統。

五台山爲什麼是文殊聖地？

五台山，是中國佛教四大名山之首，也是文殊菩薩的聖地，這現象的形成與大乘經典的記載、地理環境的巧合、政治力量的推動有關。

　　五台山位於中國山西省東北部的五台縣境內，是中國佛教四大名山（五台、普陀、峨嵋、九華）之首，一千多年來，在佛教文化與中國文化裡佔有獨特的地位。

　　在四大名山中，五台山發跡最早、規模最大，同時也是唯一兼爲漢、藏佛教聖地的名山，受到西藏、內蒙等地少數民族的尊崇。五台山之所以能擁有如此特殊的地位，這與其爲文殊菩薩的道場密不可分，這可從經典、地理、政治三方面來探討。

▋大乘經典說文殊住在清涼山

　　大乘經中多處提到文殊在娑婆世界中有一方住處：

　　《華嚴經・菩薩住處品》說：「東北方有處，名清涼山，從昔以來，諸菩薩眾於中止住。現有菩薩名文殊師利與其眷屬，諸菩薩眾，一萬八俱，常在其中而演說法。」

　　《文殊般涅槃經》提到文殊的生平時，說：「佛涅槃後四百五十歲，當至雪山，爲五百仙人宣暢敷演十二部經……令得不退轉。」

　　對於依止文殊菩薩的信仰者來說，經典所說的「清涼山」或「雪山」是文殊信仰的象徵與寄託，因此，尋找文殊聖地成爲大乘佛教徒的任務，而中國五台山的地理環境，恰恰具備了與文殊聖地接近的條件。

▋五台山就是清涼山

　　五台山位在山西省五台縣東北部，從北嶽恆山蜿蜒而來，由五座頂如平台的山峰環抱而成。五峰海拔均在3000公尺以上，氣勢磅薄，高聳入雲，最高峰是北台的葉斗峰，海拔3058公尺，素有「華北屋脊」之稱。五峰之中有低凹的山谷盆地台懷鎮，海拔1700公尺，夏季高溫只有攝氏17.8度，有「清涼世界」之稱，所以五台山也稱爲清涼山。

顯通寺牌樓
顯通寺是五台山現存最大、最古老的寺院，約建於西元一世紀初東漢明帝時代，只略晚於中國最古老寺院河南白馬寺數年。（王露攝）

佛教傳入之前，五台山由於山靈郁秀，景致脫俗，道教就傳此山有仙人居止，名為「紫府之地」；但另一方面，五台山寒冷險峻，氣候幻變，民間盛傳當地有毒龍潛居之說。《廣清涼傳》記載：五台山「歲積堅冰，夏仍飛雪，曾無炎暑，故曰清涼」，終年嚴寒的五台山，正合乎「清涼山」的特色。

因此，在佛教傳入後，五台山這座中國境內的山岳，從方位（東北方）、氣候（終年清涼）的條件，與《華嚴經》中的文殊聖地竟如此雷同，很自然地使五台山被視為文殊的聖地。

五台山寺廟群
五台山，古稱清涼山，現存寺廟三十九所，是中國保存傳統寺廟最多的名山。在歷代帝王的推動下，五台山成為文殊信仰聖地，「朝五台，禮文殊」的風氣盛行至今，前往朝拜的信徒絡繹不絕。（王露攝）

▌帝王的推動，使五台山成爲佛教聖地

除了先天地理因素上的巧合之外，五台山成為文殊的聖地，與政治力量的推動有密切關係。

最早可追溯自東漢明帝（58-75在位），西域高僧攝摩騰、竺法蘭以白馬馱經來到洛陽，建白馬寺，同年又到五台山朝拜，他們認為五台山形勢，與釋迦牟尼佛修行處的靈鷲山相似（此時文殊經典尚未傳入呢！）因而奏請明帝建寺於靈鷲峰，名「大孚靈鷲寺」（這是五台山第一座寺院，今名顯通寺）。此後，五台山就被佛教徒們視為佛教聖地。

而以五台山作為文殊信仰中心，則早在六世紀，也就是南北朝時代已經開始。從《古清涼傳》與《廣清涼傳》記載得知，五台山的經營始於北魏（386-534）晚期孝文帝（471-500在位）時代，孝文帝在五台山建立南台佛光寺與中台大孚寺、清涼寺外，並開窟造像。但這時五台山是否成為文殊道場，由於文獻缺乏，不得而知。而根據《古清涼傳》記

載進一步推斷，五台山成為文殊聖山，應在北齊（550-577）與北周（557-581）之時：「大孚寺東北二百步有五台祠……第三王子於此求文殊師利……」「文殊師利，周宇文時化作梵僧而來此土云：訪聖跡，欲詣清涼山文殊師利住處……。」這時五台山上寺院超過二百座，政府並「割八州之稅，以供山眾衣藥之資焉」。

經過北周武帝滅佛，五台山遭破壞殆盡，僧尼被迫還俗。直到隋朝建立，自幼生長於佛寺的隋文帝即位，便下詔書，在五台山的「五頂各置寺一所，設文殊像，各度僧三人，令事焚修」。這是首次在五台山五個台頂上建構佛寺，並廣設文殊像的空前之舉。開皇十三年（593），隋文帝又遣親使到五台山設齋祀佛，而且親草疏書筆伐北周武帝：「大隋皇帝佛弟子堅，敬白文殊大士。周武亂常，侮滅聖跡，致愚者無以開迷，智者無以入聖。聯往植善因，寄茲昌祚，起廢興殘……」

五台山的文殊信仰，在唐朝達到高峰。由太宗至德宗九代，不斷遣使來山建寺、供養。武則天時代，不僅請菩提流志（?-727）譯出密教經典《文殊師利寶藏陀羅尼經》，直接將文殊的居止處稱為「五頂山」：「爾時佛告金剛密跡主菩薩言，我滅度後，於此贍部洲東北方，有國名大振那，其國中間有山，號為五頂。文殊師利童子遊行居住，為諸眾生於中說法。」將五台山作為文殊聖地的角色，更加確立與強化；並且對五台山的建設不遺餘力，當時五台山台內的佛寺數量多達360餘座，僧人達萬人以上。甘肅敦煌莫高窟第61窟中，至今完好保存著一幅唐末五代刻造的石刻《五台山圖》，記錄了唐代五台山的文殊信仰發展到巔峰時的盛況。

五台山不僅被公認為文殊菩薩的道場，文殊更是唐朝皇室、國土的守護者。武則天與代宗時代譯出許多密教經典，以宣揚文殊救世護國的角色，並將五台山作為與文殊溝通之所，「朝五台、禮文殊」的風氣因而大盛，五台山澄觀法師甚至被奉為「清涼國師」，使得五台山的地位更加尊崇。

唐朝之後，五台山的聲名不但流傳中國，也因當時的中外交通而傳播至國外，遍及西藏、蒙古、日本、韓國、印度等地。不遠千里前來五台朝拜文殊菩薩的信徒，更是絡繹不絕。由此可知，由南北朝至唐朝，五台山已成為名震中外的佛教聖山及文殊菩薩道場，也帶動了亞洲各國文殊信仰者朝禮五台山的文化。

左頁圖：
五台山圖局部大清涼寺
10世紀（五代）
甘肅敦煌石窟莫高窟第61窟
莫高窟第61窟「五台山圖」壁畫，共描繪出六十七座寺院建築，不但記錄了唐朝五台山信仰的盛況，也是研究中國古代建築的珍貴圖像。此圖為其局部，刻繪出南台的大寺大清涼寺，清楚可見當時的寺院建築結構與佛殿、佛塔的形式。

◉ 五台山的感應故事

　　自古以來，五台山便是十方僧俗朝聖的地方，許多朝聖者，有的親見文殊菩薩示現，有的則見異相或發生奇遇，這類的故事記載在以下幾本書中：

書名	卷數	作者	出處	備註：感應故事
《古清涼傳》	二卷	唐·釋慧祥撰	《大正藏》五十一冊	卷下〈遊禮感通四〉
《廣清涼傳》	三卷	宋·釋延一編	《大正藏》五十一冊	卷中、卷下
《續清涼傳》	二卷	宋·張商英述	《大正藏》五十一冊	卷上、卷下
《清涼山誌》	八卷	明·釋鎮澄撰	中國書店出版	卷四〈五台山顯應錄〉

　　其中，《廣清涼傳》記載了許多著名的有關文殊的感應事蹟，讓我們來看看其中幾則傳奇的故事。

1.文殊髮塔

　　南北朝時，在五台山一年一度的無遮齋會中，每天都有來自四面八方、形形色色的人來赴齋。一天清晨，一個衣衫襤褸的貧女，拉著兩個臉上掛著鼻涕的孩子，身後跟著一條滿身是傷的癩皮狗，來到五台山。身無分文的貧女剪下了一束頭髮供養後，不等眾人，便開口要求要先吃飯。負責的僧人勉強答應了，給了她一份齋食，貧女接著又要了兩份給小孩，還幫狗要了一份。誰知，貧女最後竟說她肚內的嬰孩也該有一份……，僧人憤怒地說：「你真是貪得無厭啊！還沒出世的孩子竟然也要一份？去！去！去！」說著，揮手把貧女一家人趕走。

　　此時，貧女踊身空中，化現文殊菩薩形象，狗化為座下獅子，二孩童即善財、于闐王，天空祥雲遍布，文殊菩薩說了一個偈子：「苦瓠連根苦，甜瓜徹蒂甜，是吾起三界，卻彼可師嫌。」此時，僧人自知見到文殊而不識，後悔莫及，欲自毀雙目以懺悔罪業。眾人勸他不如建塔立碑以懺罪，於是他在塔院寺內立塔，把婦人留下的頭髮供放塔內，建塔供養，以警惕後人，勸修平等心。這就是著名的「文殊髮塔」。

　　文殊的頭髮究竟長得如何？宋朝雍熙二年，曾整修文殊髮塔，在塔基下，掘出幾絡頭髮，髮色竟呈現金色，但是頃刻又變成黑色！在眾目睽睽之下，只見那頭髮時而金色，時而又是烏黑……。眾人皆感到不可思議，於是又把頭髮置回塔下。至今這頭髮仍留存在五台山大塔院寺內，作為文殊菩薩教化眾生的見證。

2. 開智慧的「牛雲」

　　唐朝法雲禪師，自幼資質魯鈍，十二歲在華嚴寺出家，日日做著砍柴、擔水等粗活，到了二十歲受完具足戒後，依然對經典一竅不通，被人譏諷為「牛雲」。轉眼間牛雲已經三十六歲了，他心想：「我聽人家說五台山上有文殊菩薩，我現在準備赤腳去朝禮五台，希望能開智慧，學習讀誦經典。」

　　時值寒冬，天寒地雪，他走到東台頂，遇見一位老人在取火，牛雲問老人從哪裡來？老人回答從山下來。牛雲說：「咦？那為什麼沿路都沒有看到腳印呢？」老人說：「我在下雪以前來的。」又問牛雲：「你有何願望？大雪天的，你赤腳朝山，不覺辛苦嗎？」「唉！我雖然是出家人，但因為實在太笨了，無法誦讀經典……」「所以呢？你的願望是什麼？」老人又追問。「我來求文殊菩薩，開啟我的智慧啊！」牛雲一臉懇切地說。

　　「這裡沒有文殊菩薩！你打算怎麼辦呢？」老人問。「那我就去北台找文殊菩薩！」牛雲說。

顯通寺的大文殊殿（林介嶽攝）

老人說他也要去北台，牛雲邀老人一同前往，老人卻叫牛雲先去，說著便往西而去。傍晚，牛雲一到北台，竟發現老人已經端坐在北台頂取火了。「奇怪！你怎麼比我先來呢？」牛雲驚訝極了！老人哈哈一笑：「那是因為你不認得路！」

牛雲雖笨，卻靈機一動，心想：「這一定是文殊菩薩！」於是恭敬頂禮。老人推辭說自己是個俗人，要牛雲別拜他！牛雲也不管，繼續磕頭。許久，老人說：「我剛剛入定，看到你的前世因緣，知道你為什麼如此愚笨的原因。」說完，老人閉目說道：「你前生是一頭牛，由於載了佛寺的藏經，今生才能出家為僧。因為是從牛身中來，所以資質魯鈍，這樣吧！你到龍堂邊取一個大鋤頭來，我把你的心頭淤肉砍掉，你就可以開智慧了！」

牛雲依言取來一把大鋤頭，遞給老人。老人說：「你把眼睛閉上，等我叫你張開，你才能張開。」牛雲照著老人所說閉上雙眼，時間一分一秒地過去了，他絲毫不感覺被砍的痛苦，反而覺得心裡豁然開朗，就像暗室裡點燃明燈一般。不久，老人叫他張開眼睛，牛雲一睜眼，就看見老人化成文殊菩薩，慈悲地對他說：「以後，你讀誦經典，皆能歷歷在目，無所忘失了。」牛雲聽了，心裡悲欣交集，感激不已，再三伏地頂禮。待他抬頭時，文殊菩薩已消失於一片蒼茫中。自此，他智慧大開，研讀經典毫無障礙。

3 佛陀波利遇見山中老人

唐朝時，有位叫佛陀波利的北印度人，聽聞文殊菩薩就在五台山上，因此，遠涉流沙來朝五台。到了五台山，只見林木高聳入天，四周景物殊勝，不禁感動得五體投地，口中說著：「佛陀入滅後，許多聖人都隱遁去了，只有文殊菩薩在這山中接引眾生、教導諸位菩薩，弟子身在末法，今日遠渡流沙而來，朝禮文殊菩薩，祈求菩薩能讓我一睹尊儀……。」說完，流淚涕泣，朝著群山頂禮。

就在這時，一個老人突然從山中走來，以婆羅門語告訴他：「你心存求法之情，不畏劬勞，不遠千里而來，但是漢地這裡的眾生，多造惡業，出家人亦多犯戒律，西土有《佛頂尊勝陀羅尼經》，能滅眾生惡業，你可有帶這部經來？」

佛陀波利回答：「我是來朝禮聖跡的，沒有帶經書來。」老人又說：「你既然沒有帶來，那你來有什麼用呢？就算看到文殊你也不認識！你如果能取來此經，在此地流傳，也就是供養聖人、廣利群生了，我便告訴你文殊菩薩在哪裡？」佛陀波利聽了十分歡喜，虔誠頂禮，一抬頭時，老人已不知去向。佛陀波利心下明白，這老人就是文殊菩薩的化身！後來，佛陀波利依照文殊菩薩的指示，返回西域取來《佛頂尊勝陀羅尼經》，並奏請唐高宗，請人翻譯成漢文。

文殊菩薩曾說：「行慈心者，即是得見文殊師利」，這也使得許多前往五台山朝聖者更加小心，深怕與文殊菩薩擦身而過，因為文殊菩薩曾示現為梵僧、童子、老人、乞丐、貧婦，就在五台山上。

五台山文殊
佛光寺文殊殿
此幅文殊是群組式造像，包括：騎獅文殊、善財童子、牽獅子的西域優填王、兩個前來朝拜的老人佛陀波利（最左側者）、最勝老人（最右側者），以及兩位隨從菩薩。其中，佛陀波利原為北印度人，特來五台山朝拜，並再帶來《佛頂尊勝陀羅尼經》。（香港佛教志蓮圖書館提供）

誰是中國歷代帝王的守護者？

擁有智慧的文殊，到了中國，被認為具有護國力量而受到歷代王室尊崇；特別是唐武則天時代，文殊被視為是帝王護持者，他與王室的密切關係達到最高峰。

關於這個有趣的發展，先來看看經典怎麼說。有三部大乘經典於東晉至唐朝期間譯出，可窺見文殊被賦予「帝王護持者」形象的端倪。

顯密經典都說文殊具有護國的力量

西元418年，東晉佛馱跋陀羅（359-429）譯出六十卷《華嚴經》，在〈入法界品〉中，提到文殊曾是以佛教治國的轉輪王。同樣在〈入法界品〉中，文殊更表示願意護持以轉輪王形象出現的盧舍那佛：「轉輪王者，盧舍那佛是也。善男子，我從爾時發願已來，盧舍那佛，於一切有，行菩薩行教化眾生，乃至最後受生，我常為母。」經文中的「我常為母」，是「護持者」的意思，文殊將護持盧舍那佛教化眾生直至成道為止。

唐朝菩提流志所譯的《文殊師利寶藏陀羅尼經》，提到：「國王作十善者，國王所作悉皆圓滿。」只要國王行十善，即能獲得文殊護佑。另外，唐朝不空（705-774）譯出的《千手千鉢大教王經》說，國王只要信仰文殊所闡揚的「金剛菩提聖性佛道」，並建立道場傳授此法，文殊能「令國土安寧，王當常壽，后妃延年，萬方投化，人民安樂，風雨順時……」，可見文殊護國力量的範圍極廣。透過顯、密經典，從護持轉輪王到護持行十善國王，以及所有修持密教法門的國王，文殊已被賦予了護衛國土的守護者角色。

唐代武則天利用文殊信仰，鞏固政權

真正將文殊信仰導向護國佛教，則在唐朝。唐高祖李淵起兵太原而得天下，建立唐朝，他把太原府境內的五台山看成「龍興之地」，大建修葺五台寺廟。而《山西通志》記載唐太宗在貞觀九年下詔：「五台山者，文殊宓宅，萬聖幽棲，境繫太原，實我祖宗植德之所，切宜祇畏。」於是，在五台山造寺十所，度僧百名。從此，文殊所在的五台山，被認為是具有護持力量的處所。

武則天時，為了改元稱帝，她利用佛教經典的權威，為「女子稱帝」找到合法性，並藉由佛教護國的力量，鞏固政權。首先，請菩提流志大

千手千鉢文殊
約8-9世紀（中唐）
甘肅敦煌石窟莫高窟第361窟
此圖是依據唐代不空所譯的密教經典《千手千鉢大教王經》而繪製的千手文殊。文殊菩薩現金色身，以禪定姿坐在蓮花台上。胸前的第一雙手捧鉢，鉢中現釋迦牟尼佛，腹前的第二雙手亦然。其餘之手則環繞於周圍，每一手掌中皆持鉢，鉢中現釋迦牟尼像，正所謂千手千鉢現千佛。左頁圖為局部圖。

唐代不空和尚
來自斯里蘭卡的不空和尚為唐朝翻譯了多部密教經典，透由這些經典，塑造出文殊菩薩的護國角色，並奠定了密教在中國的發展基礎。

量翻譯顯、密經典，共譯出43種101卷。包括有關文殊的經典，如《六字神咒經》、《一字咒王經》、《文殊師利咒王經》、《文殊師利寶藏陀羅尼經》等，來宣揚文殊的護國、護王功德。例如，在《文殊師利寶藏陀羅尼經》中，教導文殊八字咒語，並鼓勵畫文殊菩薩畫像，因為文殊會擁護國王、令國土安寧，經中甚至說：「若入陣時，畫文殊師利童子像，安於象馬上當於三軍前，先頭而行引諸軍眾，彼兇愚賊自然退散。」藉助文殊神力，可退敵無礙。如果有人供養文殊，或於此咒語受持讀誦，現世可獲得國土中「無他方怨賊侵境相嬈」、「無諸風火霜雹霹靂等難」，且得「善神衛國萬民安樂」等十種果報。

菩提流志所譯的經典被認為是「偽經」，是武則天想藉由文殊的護國神力，而取得民心、穩定政局之作。另一方面，武氏強化了五台山為文殊聖山的地位，以五台山作為與文殊「溝通」之所，發展出帝王至五台山朝禮文殊、請求護佑的文化，此風氣甚至擴展至全亞洲。之後，亞洲各國帝王或親來五台山，或派遣使者來朝聖，或在國境內建立「五台山」，以昭護國的神效，文殊護國信仰的風行可見一斑。

唐代密宗盛行，佛寺廣設文殊閣、文殊像

到了代宗時，國勢已由盛而衰，長達八年的安史之亂，以及吐蕃軍隊連年進犯，使得國家兵禍連年、內憂外患。能使國泰民安、四海昇平的文殊護國神力，不啻是當時朝野所渴望的，因此，代宗大力推展文殊信仰，以祈求文殊護佑、安定民心。

在此階段，來自獅子國（今斯里蘭卡）的不空是關鍵人物。他共譯有143部顯、密經典，其中有關文殊的經典，如《文殊師利佛刹功德莊嚴經》──強化中國漢地是文殊菩薩應化之域的說法；《千手千鉢大教王經》──塑造文殊護國形象。這些同樣被視為「偽經」的經典，奠定了密教在中國的基礎，並賦予了文殊新的角色。

大曆四年（769），在不空的奏請下，代宗敕令於天下佛寺齋堂內，置文殊菩薩像以為上座。三年後，不空又奏請於天下寺院設文殊師利菩薩院。自此，唐代建寺必設文殊閣院，宋代也多依例設之。

擁有智慧的文殊，到了中國，被認為具有護國力量，與王室關係密切。在政治力量的推波助瀾下，文殊有了不同於印度佛教的形象。從這點看來，唐朝的王室可說重新打造了一個符合其需求的「新文殊」。

檔案 *33*

清朝皇帝是文殊大皇帝？

在唐朝皇室一手打造下，「變身」爲「護國菩薩」的文殊，到了清朝，又發生一個令人驚異的轉變，那就是：「清帝＝文殊」！而這牽涉到滿清、蒙藏之間的政治關係。

▌五世達賴喇嘛稱呼順治爲「文殊大皇帝」

故事起源於十七世紀時五世達賴喇嘛給清廷的一封奏書，順治十年（1653），五世達賴喇嘛上奏給清世祖順治皇帝的「請安奏書」中，寫著：「達賴喇嘛致金光四射、銀光普照、扭乾轉坤、人世之天、至上文殊大皇帝明鑒」，奏書中更用許多神聖化的譬喻來讚美順治。很明顯地，是把清帝當成文殊菩薩加以崇敬。此後，「文殊大皇帝」成爲西藏稱呼清朝皇帝的慣例。

爲什麼五世達賴喇嘛要如此稱呼順治呢？這當然有其政治與宗教的因素存在。十四世紀西藏的佛教史書《青史》即提到：「傳說漢地是妙音（文殊）菩薩所攝受的地方，而西藏疆土則是觀自在菩薩摩訶薩所教化的土地。」另外十五世紀的《賢者喜樂贍部洲明鑒》則說：「文殊道場聖地五台山，它的周圍是漢唐帝國。」可見十四、十五世紀時，西藏就已認爲文殊是教化漢地的菩薩，且居止在山西五台山。

而西藏長久以來即是「政教合一」的地方，將王權神話的歷史由來已久，前弘期（七世紀至九世紀）藏人尊稱國王爲天神，後弘期（十世紀至十五世紀）尊稱過世國王及當今教派領袖爲佛菩薩，而十七世紀時，五世達賴喇嘛稱呼順治爲文殊，則開啓稱呼外國領袖爲佛菩薩的創舉。西藏藉此表達歸化之心，以化解與清朝的緊張關係；而日後滿清更以西藏奏書「文殊」的尊稱，來解釋「滿州」族號的由來。

十七世紀，五世達賴喇嘛曾前往北京會見清順治皇帝。（陳宗烈提供）

▌乾隆以「文殊」的身分管理蒙藏地區

西藏稱呼清帝爲「文殊」的外交政策，後來被乾隆發揮到極致，他乾脆扮演起文殊來，以便在蒙藏社會建立威望，令其在敬佛的心態下歸順。乾隆九年

穿佛裝的清乾隆皇帝
此圖為西藏布達拉宮懸掛的乾隆
皇帝圖。圖中的乾隆在龍袍外面
加了件紅袈裟，左手拿著經書，
右手做辨識印，都是文殊菩薩的
特徵。圖的周圍還繪出西藏神
祇，是模仿西藏唐卡而繪製的。
（陳宗烈攝）

（1776）時，改建爲北京最大藏傳佛教寺廟的雍和宮中，至民初仍存放了一幅由清宮造像辦事處的如意館所繪的大型掛圖，名爲「乾隆坐禪圖」，上面寫著：「睿哲文殊聖，應化爲人主。廣大難思議，善哉大法王。安住金剛寨，堅固不退轉。隨意大自在，殊勝世間尊。」畫像中的乾隆戴著黃色桃形帽，身穿黃色法衣，披上紅色哈達，以西藏格魯派喇嘛的裝扮，高坐於蓮花座上，四周圍繞許多印度與西藏喇嘛……。另

外，在西藏首府拉薩的布達拉宮，於「當今皇帝萬歲萬萬歲」的滿、蒙、漢、藏四種文字牌位背後，有幅乾隆帝著佛裝的唐卡像，其手勢及持物等與文殊菩薩繪像雷同。

　　儘管乾隆四十一年（1776），乾隆在承德供奉文殊菩薩的殊像寺題了一首詩區：「殊像亦非殊，堂堂如是乎？雙峰恆並峙，半里弗多紆，法爾現童子，巍然具丈夫，丹書過情頌，笑豈是眞吾。」謙稱是西藏過於稱讚，其實自己哪裡眞的是文殊呢？但實際上，乾隆卻將文殊從名稱落實爲圖像和文字讚頌，以唐卡畫或掛軸畫，出現在拉薩的布達拉宮、北京的雍和宮等政教地位顯著之處，不正說明了他巧妙運用各民族權力賦予的方式，來統治該民族的外交手段嗎？

　　正因如此，文殊所在的聖地五台山，便成爲清朝用來聯繫蒙、藏的政教首領，以鞏固對邊遠少數民族統治的地方。爲了借用五台山攏絡蒙、藏的統治者，清廷極力發展藏傳佛教，規模逐漸擴大。清末時，五

台山上的青廟（漢傳寺院）與黃廟（藏傳喇嘛廟），總數達百餘座之多，其中黃廟佔了四分之一。滿、蒙、藏地區僧侶，每年不遠千里徒步跋涉到五台山朝山進香者，四季不絕。

乾隆五十一年（1786），七十五歲高齡的乾隆第五次君臨五台山，寫了一首詩「至靈鷲峰文殊寺即事成句」，末兩句為：「曼殊師利壽無量，寶號貞符我國家。」詩後，乾隆註釋說：「曼殊對音即滿洲。今衛藏呈進丹書均稱曼殊師利大皇帝。竺蘭寶號與我朝國號相符，用微億萬年無量福祚也。」此詩用漢、滿、蒙、藏四種文字，鐫刻於漢白玉質地的四方碑石上，該碑至今仍存於五台山菩薩頂大文殊院東院，說明了文殊與清朝的「甚深因緣」。

從印度來的文殊菩薩，經過唐代賦予「護國」神力，到清代成為皇帝化身，都與國家有密切關係。然而，其代表「智慧第一」的特殊形象，卻未被完全掩蓋，至今提及文殊菩薩，中國人仍記得他是象徵「智慧」的菩薩。

河北省避暑山莊
建於清乾隆年間，著名的殊像寺是仿五台山殊像寺而建造，供奉文殊菩薩。此寺也被視為乾隆皇帝的家廟。（王露攝）

滿洲與文殊

清朝族號「滿洲」到底怎麼來的？研究清史學者至今仍未有確切的定論，但許多研究都認為與文殊有關。乾隆時代的《欽定滿洲源流考》提到，滿洲本作「滿珠」，這是由於每年西藏獻丹書，皆稱「曼殊師利大皇帝」，譯為「曼珠」，又作「曼殊師利」。殊、珠同音，「洲」又比較接近地名，後來即稱為「滿洲」。「曼殊師利」為「文殊師利」的漢文異譯，所以，滿洲名號即是西藏所稱的「曼殊師利大皇帝」。

日本清史學者認為：滿清皇朝的奠基者——清太祖努爾哈赤曾自立為「大金之汗」，直到開國皇帝清太宗皇太極在崇德年間，才立「滿洲」名號。而這是由於太祖被尊稱為「滿住」，而「滿住」兩字，乃佛名「文殊」的對音。清太宗當時既棄大金名義，又撤女真舊稱，是為了選擇一最恰當的部族稱號，內能對女真舊部，外可應新附蒙古諸部，所以採取曾用來稱呼太祖，帶有文殊化身意味的尊稱，作為部族的新名號。

中國清史學者則認為：文殊為佛教菩薩首座，蒙藏人極為崇拜，女真部落亦受影響，領袖中有尊稱「李滿住」、「滿答失利」等。清太宗以此尊號名其部落，自有其歷史因由。

文殊與「怪僧」寒山、拾得是什麼關係？

文殊菩薩在中國示現的故事有很多，其中文殊化身爲唐代詩僧寒山子的傳說，爲人津津樂道，傳誦至今。

寒山，又名寒山子，據說是唐朝貞觀年間長安人，隱居浙江天台山的寒岩七十餘年，故年不詳，著有《寒山詩集》流傳於世。史書上關於他的記載很少，只知他出身貧寒，後出家爲僧，獨居於寒岩，平日與國清寺的豐干、拾得爲伍。

寒山的行逕極爲怪誕，幾近於顛狂，他衣衫襤褸，面貌枯悴，以樺皮爲冠，常曳著大木屐，到國清寺拾取殘食。而拾得則是豐干行化到赤城時，聽到嬰兒的啼哭聲，將他拾回寺中養育，所以取名拾得。拾得在大寮(寺院中的廚房)做洗滌的工作。他經常把巨竹鋸爲數截，將僧眾的殘食菜渣放入竹筒內，讓寒山子取去。

寒山常題詩於山林間，或經行於國清寺廊下，或望空謾罵。寺僧不耐煩，以木杖驅趕他時，他則呵呵笑地緩緩徐步退出寺外。有時他又在大寮幫助拾得洗滌，眾僧視其二人爲「瘋顛僧」。至於豐干，也無人得知他的來歷，只見他常獨自騎著老虎，進出國清寺。在這三個怪僧的身上，完全看不到大修行者的莊嚴威儀，教人不敢恭維，連寺裡的僧人也視他們爲異類。

一天，豐干邀寒山、拾得一起去朝拜五台山。寒山問：「去五台做什麼？」豐干回答：「朝禮文殊。」寒山、拾得兩人竟然不約而同地拒絕了。

豐干只好獨行，路上巧遇前往台州上任刺史的閭丘胤，正身染重疾，醫藥罔效。豐干取水一杯，持咒完畢，以水置手心，在閭的額頭擦了三下，閭的病竟然痊癒。他感激地詢問豐干從哪裡來？豐干回答：「住天台山國清寺。」又問：「寺中可還有像您這樣的得道高僧？」豐干說：「我是沒什麼道行。不過寺中確實有高僧，如文殊菩薩化身的寒山、普賢菩薩化身的拾得，菩薩化現遊化我國，現在都在寺內。」豐干並提醒閭丘胤：「千萬不要以貌取人，文殊、普賢兩位菩薩雖應化在世，然其外表不修邊幅、狂放不羈。您若是執著於外相，定會錯失良機。」

後來，閭丘胤到任後，立刻前往國清寺參謁寒山、拾得。知客僧說：「他倆人是瘋顛僧，儘管喚來便是。」閭丘胤認爲不可如此，要知

寒山和尚銅像
13-14世紀（元代）
寧夏回族自治區博物館收藏
唐朝詩僧寒山，出身貧寒，行為怪誕瘋狂，性喜做詩，著有《寒山詩集》，膾炙人口。（王露攝）

客僧引領前去拜見，只見寒山、拾得正在大寮談笑風生，閭丘胤立即跪地頂禮，不停地口稱「菩薩、菩薩」。誰知兩人見狀，相視大笑，轉身直奔便往寒岩，回首說：「豐干多嘴！豐干多嘴！你不去向阿彌陀佛頂禮，來拜我做什麼？」說完，瞬間就隱入岩壁，不見蹤影。

閭丘胤知道豐干是阿彌陀佛的化身，急忙回寺找豐干，哪裡還有豐干的蹤影？自此豐干、寒山、拾得三人消失無蹤，只有在岩洞附近的樹林間，還留有寒山所寫的詩偈。閭丘胤命人抄錄了三百多首，題為《寒山詩》。自此，世人方知寒山為文殊菩薩的化身，而拾得與豐干，則分別是普賢菩薩與阿彌陀佛的化身。後世另有稱寒山、拾得為「和合二仙」，與豐干合稱為「天台三聖」或「三隱」。

拾得和尚銅像
13-14世紀（元代）　寧夏回族自治區博物館收藏
拾得和尚於浙江天台山國清寺出家，曾為廚務，身掛一串葫蘆和腰包，右手持勺，左手提一囊狀物。
（王露攝）

華嚴宗初祖杜順和尚也是文殊的化身？

一位親近侍奉華嚴宗初祖杜順和尚三十餘年的弟子，一直想去五台山朝禮文殊菩薩，卻不知他朝夕相處的師父，就是文殊菩薩的化身！

在現今陝西省西安市南長安縣杜曲鎮城東南少陵原畔上，這裡曾屹立著華嚴宗的祖庭——華嚴寺。始建於唐德宗貞元十九年（803）的華嚴寺，不僅是華嚴宗的發源地，也是唐代著名的樊川八大寺之一。清乾隆時，寺內殿宇全毀，只留下東、西側兩座磚塔——相傳為文殊菩薩化身的華嚴初祖「杜順禪師塔」，以及受封為「清涼國師」的華嚴四祖「清涼國師塔」。

杜順（557-640），隋唐時僧人，雍州萬年（今陝西西安）人。本姓杜，名法順。十八歲出家，跟隨因聖寺道珍禪師學習禪法，以禪功治病等神異著稱，受到當時僧俗的崇敬。據說杜順除深受隋文帝敬重之外，唐太宗也慕其盛名，延請入宮，嬪妃、王公貴臣奉之如佛，並賜號「帝心」，故稱「帝心禪師」。杜順崇信華嚴，在終南山開講《華嚴經》，後來華嚴宗的成立奠定基礎，他也因而被視為華嚴宗的創始人。

杜順一生為人治病、除害行善，神異事蹟不斷，據說他圓寂時，有兩隻鳥飛入房內，悲鳴哀切，且其屍身月餘仍顏色不變，飄出異香。其中最為人所傳頌的，即是相傳杜順為文殊菩薩的化身。

故事是從一位侍奉杜順三十五年之久的弟子說起。話說這位弟子最大的心願就是到五台山去朝禮文殊菩薩。一天，弟子向杜順辭行，決定前往五台。杜順再三慇留，弟子卻不聽。臨行前，杜順說：「遊子漫波波，台山禮土坡，文殊這便是，何處覓彌陀？」

弟子到了五台山，至誠懇切地朝禮。突然間，出現一位老人問道：「你從什麼地方來？來做什麼？」弟子回答：「我從終南山來，來禮拜文殊菩薩。」沒想到老人卻說：「文殊菩薩已經去了終南山。」弟子又問：「是誰？」老人說：「杜順和尚即是文殊的化身。」弟子驚訝極了：「我侍奉師父三十多年了，竟然不知道！」老人說：「有眼不識本性！你趕快回去吧，再晚恐怕就見不到面了。」

弟子趕忙地收拾行囊，披星戴月地趕回寺裡。誰知，仍晚了一步，師父已於前一夜圓寂了。杜順和尚是文殊化身的傳說，從此傳開。

騎獅的文殊比丘像
14-17世紀（明代）
五台山顯通寺千缽文殊殿
（香港佛教志蓮圖書館提供）

檔案 36
虛雲老和尚巧遇文殊的故事

近代高僧虛雲老和尚，為報親恩，發願朝禮五台山，途中為疾病所困、風雪所阻，萬分危險之際，文殊菩薩竟然出現了……

虛雲老和尚（1840-1959），清末民初高僧，是中國近代禪宗的代表人物，一生傳奇，他曾經寫道：「坐閱五帝四朝，不覺滄桑幾度；受盡九磨十難，了知世事無常。」他活了一百二十歲，講經弘法，廣闢道場，建寺安僧，復興禪門，歷經了十難四十八奇，堪稱近代一奇僧。虛雲四十三歲時，為報親恩，發願朝禮五台山，途中為疾病所困、風雪所阻，萬分危險之際，相傳兩度遇到文殊菩薩救護。

▌第一次遇見文殊

虛雲由普陀山開始三步一拜，轉眼已將近三年。這天經過黃河光武陵，夜宿於路旁茅篷。寒夜大雪，虛雲整夜坐禪。翌日，放眼望去，大地一片蒼茫，深雪阻隔了前路，四野杳無人煙。虛雲只好枯坐於牆角念佛，卻覺飢寒交迫。如此過了三天，體力不支的他已陷入昏迷。

好不容易雪霽天晴，這時來了一個乞丐，見虛雲臥在雪中，無法言語，知是凍傷，於是將雪撥開，用草烤火，煮黃米粥餵之，虛雲病情逐漸好轉。乞丐問虛雲從哪裡來，要到哪裡去？虛雲答說要朝五台山。乞丐自稱文吉，從五台山來，要去長安。虛雲聽了歡喜地問：「先生可曾往來五台寺院？」乞丐說：「我經常來

文殊菩薩
15世紀（明代）
文殊比丘手持如意，坐於獅背上，右邊則是駕馭獅子的西域優填王。（有容古文物藝術提供）

虛雲老和尚

虛雲老和尚

生於西元1840年（清道光二十年），歿於西元1959年（民國四十八年），世壽一百二十歲，是我國近代享壽最長的高僧，一身承續禪宗五家法脈，修建大小梵剎數十座，皈依弟子不下百萬，是近代禪宗復興的關鍵人物。

虛雲俗姓蕭，名古巖，字德清，湖南湘鄉人，十九歲至福州鼓山湧泉寺出家，次年受具戒。1822年，虛雲發心朝拜五台山以報父母深恩，歷時三年，至1844年抵達五台山顯通寺。1895年起，他為亂世中保存佛法，修建多座寺院，較有名的是：雲南雞足山的祝聖寺、昆明的雲棲寺、廣東曲江的南華寺、乳源雲門的大覺寺、江西永修縣雲居山的真如寺。

1951年，發生雲門事變，百餘官兵聲稱寺內匿白銀、槍械，將雲門寺團團包圍，大肆搜索、拘禁僧眾，並將虛雲禁閉一室，予以逼供、毒打。虛雲幾至喪命，此時他已經一百一十一歲了。1959年十月十三日，一百二十歲的虛雲老和尚圓寂於雲居山，留下「勤修戒定慧，息滅貪瞋癡」遺偈。

往啊，五台山人人都認識我呢！」又問虛雲為何要來朝五台山？虛雲說：「自出生母親就過世了，為報母恩而來朝山！」乞丐讚嘆虛雲的毅力，勸他路途迢迢，天寒地雪，何必三步一拜？虛雲說：「這是我朝山報親恩的誓願，不管多少歲月，一定要來還此願。」乞丐聽後讚嘆不已，並指引前方可掛單的地方。

乞丐說完，揖別而去。此時積雪依舊甚深，無法禮拜，虛雲循著乞丐的足跡，一路前行。

▌第二次遇見文殊

虛雲第二次遇見文殊，還是在朝禮五台的路上。幾個月後，虛雲抵達南海寺掛單，寺僧不准，只好折返城外露宿。夜裡寒氣入侵，清早又負病拜香，虛雲終於病倒在空曠無人的荒郊破廟。

夜裡火光閃爍，萬緣放下、閉目待斃的虛雲，朦朧中又見文吉，文吉問道：「師父，你怎麼還在這裡？」文吉得知情況後，為他換去污穢衣服，並煎藥、煮黃米粥給虛雲吃。

虛雲身心輕快起來，感激文吉兩度救助之恩，文吉回應不必掛懷。虛雲問：「先生，要到哪裡？」文吉回答：「要回五台去。」虛雲感嘆自己生病又拜行，無法同行。文吉又勸他：「何苦如此！」

虛雲嘆口氣，再次說起朝山報親恩的願望：「任他百難當頭，也要拜至五台！」文吉聽了表示，願代為擔負行李。虛雲感激涕零，願以朝山功德一半奉送文吉，文吉合掌辭謝，並照顧虛雲直至病癒。

後來，文吉一路為虛雲背負行李。到了難相寺，準備掛單，負責招呼的知客僧一見虛雲帶有侍從，厲聲問道：「這個乞丐是誰？」虛雲說：「是我好友，也是恩人。」知客僧不信，訓斥虛雲行腳竟還有侍從隨行！知客僧一再出言譏諷，虛雲只好帶文吉到客店住，再回寺裡掛單。臨別，文吉告訴虛雲：「你的行李不久自有人代送上山。」

翌日，虛雲到街上尋找文吉，文吉已飄然遠去。十天後，遇到一位同是湖南的官員，要回五台，願意幫虛雲將行李代送上山。文吉曾說：「五台山人皆識我」，虛雲拜至五台山後，遍問文吉其人，全山並無此人，後來與一老僧談及，老僧說：「這是文殊菩薩化身啊！你朝山真誠，感得菩薩現身保護接引。」虛雲一聽，這才知遇到文殊菩薩了。

檔案 *37*
文殊信仰如何傳到日本？

文殊信仰由僧人圓仁於唐朝時傳到日本，他創建文殊院，供奉文殊菩薩，文殊因而成為日本家喻戶曉的神祇，並發展出不同於中國的造像。

　　西元838年僧人圓仁（794-864）奉敕入唐，受學天台宗、密宗教法。847年返日，寫成《入唐求法巡禮記》，是記錄當時佛教的重要史料。回國後，圓仁模仿中國五台山的文殊菩薩堂，在比叡山延曆寺創建文殊院，又稱「一行三昧堂」，日本的文殊信仰因而盛行，代表智慧的文殊菩薩成為家喻戶曉的神祇。日本人常說「三人同行，可比文殊的智慧」，文殊信仰在日本的普及，可見一班。

　　現今延曆寺國寶殿中，有鎌倉時代（1192-1333）所繪的絹本文殊像，文殊以稚兒姿態坐在獅背上，背後有月輪，右手持寶劍，左手拿青蓮花，花上有梵篋。

　　日本文殊造像，基本上是密教文殊；常見的是騎乘在象徵智慧威力的獅背上，頭上有五髻，右手拿著象徵智慧的寶劍，蓮台置有梵篋與金剛杵。文殊髮髻的數目不一，除五髻外，有一髻、六髻、八髻的造型，這是由於文殊的咒語有一字、五字、八字等咒。一字文殊代表「增益」，五字文殊代表「敬愛」，六字文殊代表「調伏」，八字文殊代表「息災」，這些都作為修法的本尊。另外，也常見文殊五尊的形式，稱為「五台山文殊」：善財童子、以繩索牽獅子的優填王、佛陀波利三藏、最勝老人、騎乘獅子的文殊。由此再發展出乘雲渡向五台山的文殊，稱為「渡海文殊」。

　　目前日本有名的三大文殊是：奈良‧櫻井的安倍文殊院；京都‧天橋立的切戶的文殊（智恩寺）；京都‧東山的黑谷（金戒光明寺）文殊堂，這三座寺院都以文殊為本尊而聞名。其中，安倍文殊院的文殊菩薩，坐在巨獅上，有七公尺高，是日本最大的文殊像，日本人暱稱為「安倍的文殊先生」，每年慕名前來祈求學業進步的學子，絡繹不絕。

華嚴三聖
日本滋賀縣常信寺
中央是毗盧遮那佛，右邊是騎獅的文殊，左邊是騎象的普賢。日本的文殊手中持劍，與中國的文殊持如意或寶塔的表現不同。

尼泊爾是文殊菩薩所建立的國家？

傳說，信奉藏傳佛教的尼泊爾，是文殊菩薩以寶劍劈開高山，引開湖水所建立的國家……。這個美麗的傳說要從加德滿都說起。

尼泊爾，這個擁有悠久歷史文化與古老傳說的南亞國家，位於西藏與印度之間，是個典型的內陸小國。但境內有世界十大高峰的其中八座，包括世界最高峰喜馬拉雅山聖母峰，以及世界最古老的宗教之——佛教創始人釋迦牟尼佛的誕生地：藍毗尼園。

尼泊爾境內疊嶂起伏、連綿不斷的群山，猶如屏障，抵擋了亞洲大陸的寒冷空氣，也使印度洋溼潤的西南季風化成雨水，滋養萬物，尼泊爾人稱這些山巒為「白色眾神的寶座」。而位於中部的加德滿都，谷地海拔只有 1300 公尺，文殊菩薩就在此地建立了尼泊爾。

傳說，在遠古時代，加德滿都谷地原是碧藍如玉的寧靜湖泊。有天，一朵碩大、聖潔的蓮花自湖中升起，散發著幽微的藍色光澤，據說這是過去佛毗婆尸佛在湖裡栽種的蓮花，蓮花上出現萬丈佛光，異常殊勝。虔誠朝禮聖跡的人群絡繹不絕，驚動了在中國五台山修行的文殊菩薩。

文殊菩薩來到這裡，朝拜湖中的蓮花，希望蓮花能在加德滿都谷地綻放。猶如天降神力般，文殊用劍劈開高山，在湖南邊的山脊上劈開一個豁口，立時湖水奔涌，匯入了印度恆河，湖底赫然出現一片平坦的谷地！文殊在此建立了一座城市，稱為「文殊帕坦」（Manju Patan），並把城市的統治權交給弟子。湖水排空後，人們開始在河谷地活動，帶動了尼泊爾早期的文明。

今天，加德滿都的喬巴（Chobar）之地，的確有一個窄如劍鋒的峽谷。傳說中的湖水，大概就是由此流瀉出去的吧！

現在谷地中最高的地方，是西北山丘

尼泊爾加德滿都的喬巴峽谷
傳說文殊菩薩遠從中國五台山來到尼泊爾，一劍劈開加德滿都南方的高山，讓湖水順著劈開的喬巴峽谷流出，而形成了富庶的加德滿都谷地。（黃丁盛攝）

上的佛塔，尼泊爾人稱爲「史瓦揚普那神廟」（Swayambhunath Temple），也是尼泊爾最大的佛塔，已有兩千五百年歷史，據說是文殊菩薩所建。其主建築是座巨大佛塔，純白的塔基、金黃的塔身，高聳的寶頂，在陽光照耀下閃閃發光。由於佛塔四方各繪有一雙巨大的佛眼，所以又稱爲「大眼佛寺」。沿三百級石階而上，四處可見成群的野猴穿梭覓食，傳說文殊菩薩削去的頭髮變成樹木，而頭蝨則變成「聖猴」，所以又稱爲「猴神廟」。

　　儘管尼泊爾全國有百分之九十幾的人信奉印度教，佛教徒只佔百分之七，但文殊菩薩留給他們的神蹟，卻如那些終年白雪冰川覆蓋的山峰所發出的光芒般，永不褪色。

史瓦揚普那神廟
加德滿都的「史瓦揚普那神廟」，據說是文殊菩薩所建，距今有兩千五百多年歷史，也是尼泊爾最大的佛塔。此佛塔最有名的就是塔的四方繪有一雙巨大的佛眼。（黃丁盛攝）

西藏的「三族姓尊」指的是哪三位？

在中國，文殊菩薩與普賢菩薩並立，是「智行合一」的代表。到了西藏，文殊和觀音、金剛手三位，合稱爲「三族姓尊」，是智慧、慈悲、伏惡的象徵。

根據史料記載，西元七世紀前後，佛教傳入了吐番，也就是現在的西藏。西元八世紀，蓮花生大師在赤松德贊王的迎請下從印度來到西藏，首次將金剛乘傳入西藏，並建造了第一座西藏佛寺——桑耶寺，翻譯大量佛經，建立僧伽制度，從此，確立了藏傳佛教的基礎。

▌藏傳佛教擅長將抽象的佛法義理具象化

藏傳佛教是顯宗與密宗並重的宗教體系。其中的顯宗以釋迦牟尼佛公開所講的經典教義爲主，密宗則是以大日如來直接傳授的奧祕大法爲中心，強調眞言、密咒、觀想儀軌的修持法門。

藏傳佛教很重要的特色是，將深奧的佛法思想轉變成具體形象。也就是說，每一位佛菩薩都是一個佛法義理的代表，而每一位佛菩薩都可以成爲密宗修行者的觀想對象，稱爲「本尊守護神」。簡單地說，本尊守護神就是密宗修行者學習與領悟的最佳典範，是所要追求美好境界的具體形象。若能了解這個觀念，對於想要認識藏傳佛教的諸佛菩薩就不是這麼困難了，最具代表性的就是「三族姓尊」了。

▌三族姓尊代表慈悲、智慧、伏惡

「三族姓尊」指的是：觀音菩薩、文殊菩薩和金剛手菩薩，他們經常同時出現在藏傳佛教的唐卡圖像中，提醒密宗修行者時時刻刻所要追求的三種美好屬性：慈悲（觀音菩薩）、智慧（文殊菩薩）、伏惡（金剛手）。藏傳佛教認爲，想要到達最高修行境界「即身成佛」（即這一世就可能成佛的概念）， 必須同時具備慈悲、智慧、伏惡，缺一不可。

▌三族姓尊的造像特徵

象徵智慧的文殊菩薩最常見的造像是 1 面 2 臂，禪定姿或大王遊戲姿，《心經》與智慧劍是他的重要標記，偶爾可見文殊騎獅，象徵大日如來的心子。

象徵慈悲的觀音菩薩（梵語 Avalokitesvara），早期是蓮花手菩薩（手

三族姓尊
西藏拉薩色拉寺
三族姓尊常見於西藏寺廟，是藏
族的保護神祇。由左至右分別
是：文殊、四臂觀音與金剛手，
分別象徵智慧、慈悲與伏惡三種
美好屬性。（黃丁盛攝）

持蓮花），後期轉變為六字觀音（又稱四臂觀音），1面4臂，跏趺坐，
一雙手做合掌印，手中握持摩尼寶珠，另二手分別持蓮花和念珠，是大
家所熟悉的造像。

至於金剛手菩薩（梵語 Vajrapani，意思是持金剛），是拿著最慈悲
武器的忿怒菩薩。造像是1面2臂2足，藍膚，有第三隻眼，戰鬥姿，
右手握金剛杵，左手為期剋印。原屬菩薩相，後來轉變為忿怒相。最重
要的標記是手中象徵慈悲的金剛杵，意謂著擁有慈悲的力量，能調伏惡
魔勢力；因此，金剛手代表教化的力量，也代表覺醒的力量。

「三族姓尊」闡述了藏傳佛教修行「即身成佛」所須具備的美好屬性；
而為了提醒眾生追求「慈悲、智慧與伏惡」美好屬性，許多藏傳佛教的
偉大成就者或法王，就是三族姓尊之一的化身或示現。例如西藏歷史上
英明的君王松贊干布、赤松德贊和熱巴堅，分別是觀音、文殊和金剛手
的化身。第一位將金剛乘傳入西藏的蓮花生大士，則是觀音、文殊和金
剛手三尊合一的化身。當今格魯派的達賴喇嘛、班禪喇嘛則是觀音、文
殊的化身，而寧瑪派貝諾法王則被視為金剛手的化身。顯見慈悲、智慧
與伏惡三種屬性，對藏傳佛教修行的重要了。

三族姓尊

藏傳佛教「三族姓尊」指的是在娑婆世界行教化工作的三位菩薩：觀音菩薩、文殊菩薩和金剛手，分別象徵慈悲、智慧和伏惡三種屬性。此一信仰概念大約完備於西元12世紀。

觀音菩薩

屬性：慈悲
形象：六字觀音（四臂觀音）
演變：12世紀是蓮花手菩薩，13世紀以後是四臂觀音。
重要特徵：1面4臂，禪定姿，持物有摩尼寶珠、蓮花和念珠。
忿怒相：馬頭明王
歷史上的觀音化身：格魯派法王達賴喇嘛、西藏國王松贊干布、噶舉派領袖大寶法王、大成就者仲敦巴等。

文殊菩薩

屬性：智慧
形象：文殊菩薩
重要特徵：1面2臂，金橙膚，禪定姿或大王遊戲姿，持物是《心經》與智慧劍，偶見文殊騎獅，象徵大日如來的心子。
忿怒相：大威德金剛（閻曼德迦）
歷史上的文殊化身：西藏國王赤松德贊、格魯派的宗喀巴大師、班禪喇嘛、薩迦派歷代法王、寧瑪派的大成就者龍欽巴、當今寧瑪派的頂果欽哲法王等。

金剛手

屬性：伏惡
形象：以忿怒相金剛手為主
演變：西元7-8世紀的金剛手象徵智慧，後來改由文殊象徵智慧，而金剛手到了西藏，才變成伏惡的象徵。12世紀原為菩薩相，13世紀演變成忿怒相。
重要特徵：1面2臂，忿怒相，藍膚，有第三隻眼，戰鬥姿，手持金剛杵。
歷史上的金剛手化身：西藏國王熱巴堅、薩迦派若貢恰那饒巴喇嘛、宗喀巴的弟子克珠杰、當代寧瑪派的貝諾法王。

右圖：
三族姓尊唐卡
19世紀 西藏地區
（陸美麗提供）

恐怖的大威德金剛就是文殊菩薩？

沒錯，大威德金剛就是文殊菩薩的忿怒化身。為了戰勝死神閻魔天，拯救西藏人民，擁有智慧的文殊決定化身為比死神更加恐怖的大威德金剛。

這是文殊菩薩在西藏最膾炙人口的故事，故事要從死神閻魔天開始說起。

▌閻魔天的悲慘遭遇

傳說古時有一位很有神力的瑜伽修行者，為了精進修行，他選定了一處洞穴，進行更深的禪修。他一次次入於深定，知道自己即將進入完美的涅槃境界。這次的禪定和往常一樣，他的神識飛離身軀，進入虛空中。正在緊要關頭，未料有群偷牛賊偷了一頭牛闖入洞穴，宰了牛隻來吃。突然間，偷牛賊在火堆餘光中看到洞穴另有他人，他們擔心行跡敗露，便起了殺意，砍下修行人的頭顱，丟到山谷下。

從虛空中神遊回來的修行者神識，發現頭顱不見了，瘋狂地找尋頭顱，卻遍尋不到。想不到一生的努力竟被幾個偷牛賊給毀了，頃刻間化為烏有，瑜伽修行者愈想愈忿恨，怒不可抑。此時，死神閻魔天拿起被宰下的水牛頭按在修行者的頸子上，並將自己附身於修行者身上，讓他變成恐怖死神。恐怖死神開始展開復仇，不但殺光偷牛賊，喝他們的血，還用他們的頭顱骨做成缽。他到處屠殺洩忿，整個西藏籠罩在可怕的死亡陰影中。

為了結束這樣的災難，人們只

閻曼德迦（大威德金剛）
18世紀 西藏地區
閻曼德迦的另一名字是大威德金剛，是文殊菩薩的忿怒尊，以宇宙最恐怖的形象來教化冥頑的死神閻摩天。（陸美麗提供）

好求助於以智慧著稱的文殊菩薩。文殊心想，面對恐怖的牛頭妖魔，必須要用非常手段。想來想去，他決定把自己幻化成更加恐怖的「閻曼德迦」，除了牛頭之外，還有 7 個忿怒相和 1 個菩薩的原形面容。

閻曼德迦來到閻魔天居住的宮殿，這裡共有 34 扇窗戶和 16 道門。閻曼德迦內心充滿慈悲，以智慧的戰術展開 34 臂和 16 足，封鎖閻魔天宮殿的所有門窗。接著，閻曼德迦開始調伏閻魔天的瞋恨，並對他弘法。困在宮殿裡的閻魔天終於被勸服，皈依佛法，最後還被收編成西藏佛教很重要的護法神。

文殊菩薩所顯現的忿怒相降伏了死亡之神閻魔天，這就是「閻曼德迦」之名的由來，因此閻曼德迦也被視為「死亡的終結者」。

▌閻曼德迦就是大威德金剛

閻曼德迦，梵語 Yamataka，原意是「閻魔敵」，即死亡的敵人，漢地譯為「大威德金剛」或「大威德明王」。其中「威」代表「降伏惡魔的威猛力量」，而「德」代表「智慧摧破煩惱業障」，兩字合稱「威德」；又稱「牛頭明王」或「怖畏金剛」。

閻曼德迦不但是藏傳佛教「八大護法神」[註1]之一，更是藏傳佛教最高修行法「無上瑜伽坦特羅」的重要本尊守護神，地位相當崇高。

註1：藏傳佛教的「八大護法」指的是：大黑天、吉祥天女、大梵天、馬頭觀音、戰神博克孜、財神護法、閻魔天和閻曼德迦，他們的主要任務是護衛佛法，協助修行者免受內、外過患的傷害，以順利獲得成就。

Vajrabhairava

原意：堅強的恐怖者
意譯：怖畏金剛
另譯：大威德金剛、大威德明
　　　王、牛頭明王。

Yamataka

原意：閻魔敵
音譯：閻曼德迦

◉ 死神閻魔天

閻魔天，梵語 Yama，原意是死亡。閻魔天源於古代印度吠陀時代的夜魔神，原負責引導亡靈到光明的淨土，與天神共享福德。然而由於人們畏懼死亡，他便逐漸演變成審判死者善惡的地獄教主。到了西藏，閻魔天被文殊菩薩的忿怒尊所收服，成為藏傳佛教重要的護法神，護衛佛法，並給予他六道輪迴審判者的重要職掌。

閻魔天的基本造像是牛頭人身，深藍膚色，足踏藍牛背上，頭戴五髑髏冠，身掛各色人面頭顱項鍊，右手揮舞著髑髏杖，胸前有法輪。常見閻魔天與閻妹（Yami）共舞，象徵對智慧（女性）的渴望。

上圖：
死神閻摩天與閻妹
（李振福先生西藏之旅記錄）

認識閻曼德迦 —— 文殊菩薩的忿怒尊

　　閻曼德迦是征服死亡的護法神。在藏傳佛教中，主宰死亡的是閻魔天，他所呈現的法相特徵是1面牛頭相，為了戰勝死亡，閻曼德迦顯現「9面16足34臂」的怖畏相，表現出擁有比閻魔天更為超凡的成就與強大的威力，並戰勝他。閻曼德迦雖然面容兇狠，卻是心靈最為慈悲的護法，他以無比的智慧，調伏恐怖的死亡之神，令人印象深刻。

三眼怒目

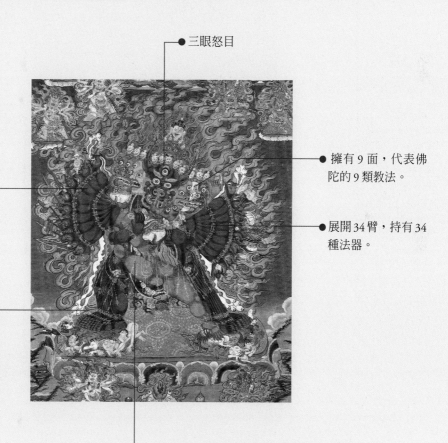

擁有9面，代表佛陀的9類教法。

展開34臂，持有34種法器。

藍色身軀

展現16足，分別踩踏8位印度天神和8隻動物，象徵修持此法具有8種祕密力量和8種超能力。

中央兩臂擁抱著佛母金剛露漩（梵語Vajravetali），呈現男性（慈悲）擁抱女性（智慧）的雙身像造型，象徵慈悲與智慧合一。

左頁圖：
閻曼德迦唐卡　18世紀　西藏地區
（陸美麗提供）

閻曼德迦的面容

閻曼德迦共有「9面」，也就是「1牛頭、7忿怒面、1菩薩面」，象徵佛陀的九類教法。而牛頭上有「1對牛角」，分別代表幻身和明光兩種教法，是藏密精髓。

1牛頭：即正面臉顯現死亡主宰者閻魔天的水牛頭。

7忿怒面：七張紅色忿怒臉分布在牛頭的兩側。

1菩薩面：最上面的臉是橙色的文殊菩薩。

閻曼德迦的持物

閻曼德迦的三十四隻手臂都各有持物，其中的中間兩臂擁抱佛母，右手持金剛鉞刀（梵語kartrika），左手持嘎巴拉（梵語kapala，一種人頭顱缽），象徵一種力量，可以將死亡轉變成永恆的生命。其餘三十二隻手臂皆持期剋印（梵語karana，一種催眠迷惑敵人，降低敵人戰鬥力的手印），並持不同法器。三十四臂加上身、口、意，代表三十七道品。

閻曼德迦唐卡局部　18世紀　西藏地區
（陸美麗提供）

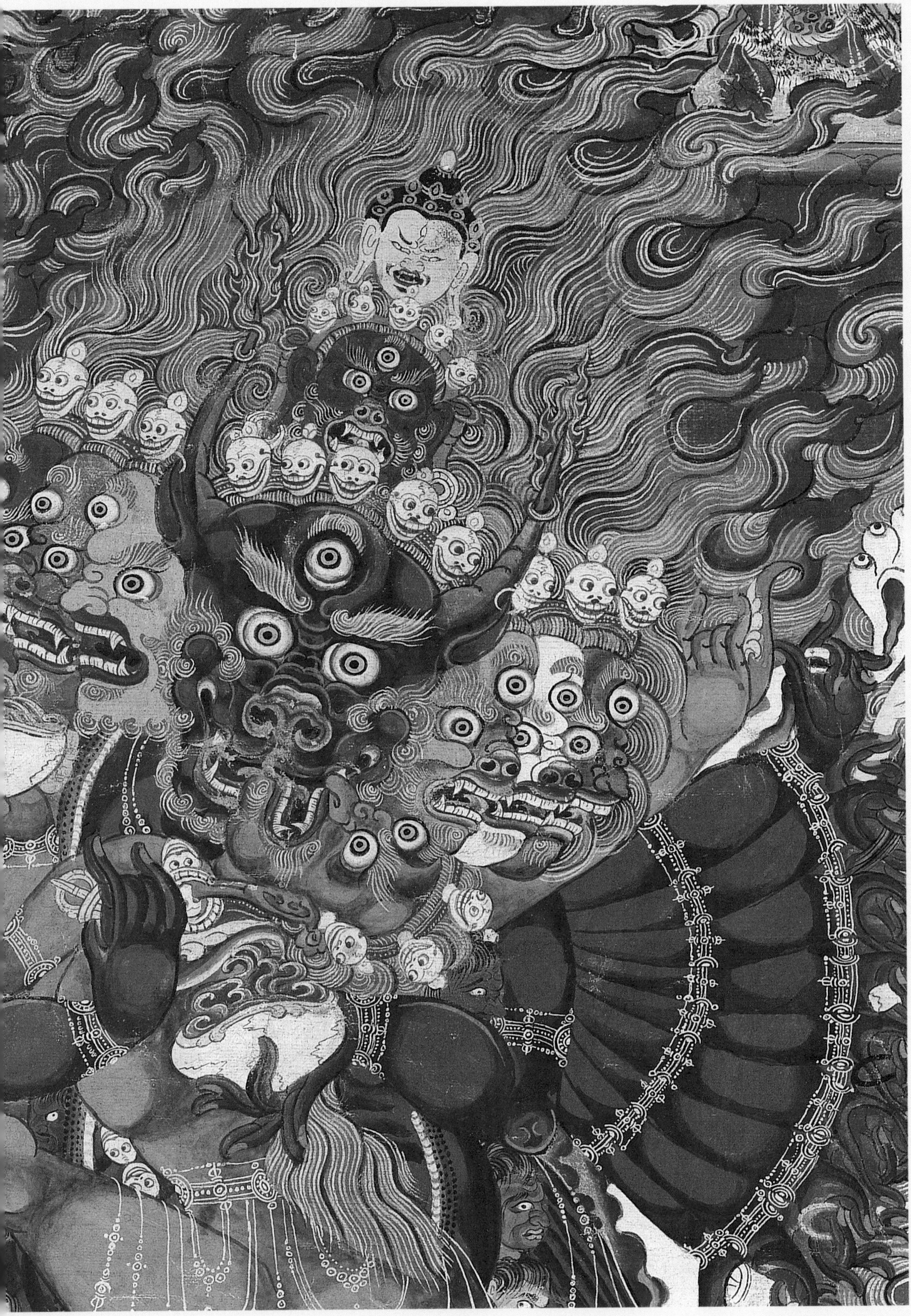

哪一位西藏國王被視爲文殊的化身？

在西藏歷史上，被稱爲文殊菩薩化身的國王，是西元八世紀的赤松德贊，他迎請印度的蓮花生大士入藏弘法，奠立了藏傳佛教的基礎。

佛教傳入西藏前，西藏人所信奉的傳統宗教是苯教。西元七世紀，佛教傳入西藏，當時吐蕃王朝三十三代國王是松贊干布。他爲了加強藏族與周邊民族的經濟文化交流，積極發展與鄰近地區的友好關係，先後與尼泊爾尺尊公主、唐朝文成公主聯姻。這兩位公主各自攜帶一尊佛像到西藏，修建大、小昭寺，而隨行的佛教僧人開始翻譯佛經。西元641年，松贊干布創定藏文，並培育許多譯師，首先將觀音二十一部經等譯成藏文，佛法由此時起廣傳藏地。

▌雄才大略、深具智慧的赤松德贊，被認爲是文殊化身

西元八世紀時，許多印度高僧應西藏國王邀請入藏傳法，在這段時期有法王祖孫三代：松贊干布（Song-tsen Gampo，617-650在位）、赤松德贊（Ti-song De-tsen， 755-797在位）、熱巴堅（Ra-pa-chan，815-838在位）， 因致力佛法傳播，而分別被認爲是觀世音菩薩、文殊師利菩薩、金剛手菩薩的轉世。這是因爲藏人認爲松贊干布推廣佛教，特具慈悲心，與觀音「悲」的特徵契合；赤松德贊雄才大略，東征西討，深具智慧，符合文殊的「智」德；而熱巴堅特具有威嚴，具備金剛手菩薩「伏惡」的特徵。

其中被認爲文殊化身的赤松德贊，是吐蕃王朝三十八代國王，其父赤德祖贊（704-755）爲松贊干布的曾孫，西元710年，赤德祖贊迎娶唐朝金城公主，生下赤松德贊。金城公主嫁到吐蕃後，大力發展佛教，引起信奉苯教大臣的不滿，極力壓制佛教，直到赤松德贊即位，帶來了佛教的復興。

▌迎請蓮花生入藏，奠立藏傳佛教基礎

赤松德贊爲抑止當地苯教而弘揚佛教，於西元749至750年，迎請蓮花生大師

西藏國王赤松德贊
17-19世紀(清代) 西藏諾布林卡
西元八世紀，西藏國王赤松德贊迎請蓮花生大師、寂護等印度高僧來西藏弘法，奠定藏傳佛教的基礎，被視爲智慧文殊的化身。
（王露攝）

西藏桑耶寺
桑耶寺是藏人建造的第一座西藏
佛寺,也是藏傳佛教史上第一座
佛、法、僧三寶齊備的寺院,為
赤松德贊國王時代所建。(陳宗
烈提供)

(Padma-sambhava)與寂護(Nta-rakita)等108位印度大乘僧人入藏。蓮花生大士是藏傳佛教的開基祖師,藏人視為阿彌陀佛的化身。他到西藏後,降伏妖魔,培育翻譯人才,大量地將印度佛經譯成藏文,制訂傳法法規,並且將他所傳入的密法與苯教結合後,產生了藏傳佛教。

在赤松德贊的支持下,蓮花生選定雅魯藏布江北岸札瑪山麓興建桑耶寺。這是藏人建造的第一座寺廟,相傳蓮花生曾施神變,在手心示現寺廟的幻影,赤松德贊看了驚呼「桑耶」(出乎意料之意),寺建成後遂以之命名。當時有七位貴族子弟出家,成為西藏首批出家比丘,後來發展成有三百多位僧眾的僧團。這是藏傳佛教史上第一座佛、法、僧三寶齊全的典型佛教寺院,也是西藏地區的重要佛教活動中心。赤松德贊並宣布尊奉佛教為國教,奠立了藏傳佛教的基礎。

桑耶寺建成後,赤松德贊派人前往中國請僧人到西藏講經。西元781年,唐朝應其要求開始派僧人去西藏,大乘比丘摩訶衍即是其中的代表。他在西藏傳教十一年,著述九部經論,講經說法,使漢地佛教在西藏興盛起來。西元1042年左右,印度佛教學者阿底峽尊者入藏時,便曾讚揚:「在桑耶寺,我見到許多在印度未曾見過的經典,藏地佛教的發展超出佛陀的故鄉——印度。」

據說,在蓮花生大士入藏二十餘年,一年新年慶歲時,赤松德贊不聽蓮花生大士勸告,騎馬奔馳,不慎撞及樹枝,病了三個月後去世。

偉大的宗喀巴大師是文殊的化身？

宗喀巴大師是十五世紀初西藏最著名的宗教改革家，聲望地位崇高。藏人深信宗喀巴是文殊菩薩的化身，中國五台山文殊道場也因宗喀巴而成爲格魯派聖地之一。

▌波瀾壯闊的一生

宗喀巴（Tsong Khapa，1357-1419）生於青海湟中縣境（今青海西寧），本名叫波桑札巴，他的出生地湟中，藏語稱爲「宗喀」，所以尊稱他爲「宗喀巴」。父母皆是虔誠佛教徒，其父日誦《稱讚聖曼殊師利真實名經》，一日於夢中見一人背負經卷，自稱從中國五台山來，向他借宿。他心想：「這就是文殊菩薩的化現，我將來所生的兒子，一定具足智慧。」後來又於夢中，見一只金杵，入其妻身內，不久宗喀巴即誕生。

宗喀巴天資聰敏，三歲時便開始學習佛法，據說他曾一心不亂地持誦文殊心咒，感應石牆顯現文殊咒字樣。七歲出家，從噶當派法王頓珠仁欽受沙彌戒。十六歲時，前往西藏，開始雲遊學法，先後依隨多位大學者、大成就者修學。經過幾年的學習，對顯、密教法莫不精熟，其深度與廣度超越前賢，卓然成一家之言。

宗喀巴二十九歲受比丘戒，之後進行宗教改革，爲弘揚戒律而常戴黃帽，並依文殊菩薩的教誡，開始講經並著作，四十六歲造《菩提道次第廣論》，開演三士道次第修行，四十歲造《密宗道次第廣論》，總明密續四部的全體。這部兩部論，一明密乘，一明顯教，是宗喀巴生平主要的著作。明成祖曾派人到西藏迎請宗喀巴到中國弘法，宗喀巴婉謝，另派弟子釋迦智前往京師。爾後宗喀巴建甘丹寺爲格魯派根本道場，並講經弘法，教導許多弟子，包括根敦珠巴——第一世達賴喇嘛。

1419 年 10 月 25 日，宗喀巴圓寂於甘丹寺。圓寂時，傳說顯出如文殊童子的身相，之後並五次以不同化相顯現，爲弟子說法解疑。現今在格魯派寺院，幾乎都有「宗喀巴大師五種示現圖」的壁畫或唐卡。

傳說宗喀巴是文殊的化身，有個故事可爲此找到註腳：薩迦派有位迦察節，要找宗喀巴辯論時，看見宗喀巴披著袈裟如廁，心想比丘是不可以穿袈裟如廁的，於是偷偷跑到廁所一探究竟，卻赫然發現，袈裟掛在廁所外大威德金剛的牛角上，迦察節於是心悅誠服依止座下。而在西藏，大威德金剛是文殊化身忿怒相的護法神。

▋創立格魯派，改革西藏佛教

宗喀巴所處的年代，西藏佛教僧人娶妻生子，並以其子爲法嗣，戒律廢弛，顯教不受重視，僧人競以密法作爲惑世之術。宗喀巴有鑒於此，立志進行宗教改革，規定僧侶嚴持戒律、禁婚，在服飾上，戴從前持律者所戴的黃色僧帽、穿黃衣，因此一般又爲「黃教」。

西元1409年，宗喀巴在拉薩大昭寺召開大規模法會，同年，在達孜縣建立甘丹寺，從此格魯派逐漸成爲勢力最大的正統教派，是西藏重要的僧侶體系及政治力量。宗喀巴去世後，格魯派勢力日漸強大，並又傳入四川、青海、甘肅、蒙古等地，爲今天藏傳佛教最主要的流派。

宗喀巴擅於說法，戒行與苦行也無人能比，除了改佩黃帽，表示決心振興戒風，連微細戒也從不違犯。他曾在西藏澳卡地區閉關，禮佛三百五十萬次，石地被他身體磨出的凹痕，至今仍可見到。

▋依止文殊爲師，著作《菩提道次第廣論》

宗喀巴對藏傳佛教典籍研究甚精，吸收噶當派教義爲基礎，加上對顯、密教義方面的獨到見解，形成自成一格的體系。他的著述極多，全集共十八帙，凡一百六十多種，內容涵蓋戒律、中觀、般若、密續、因明學等，其中《菩提道次第廣論》影響尤大，從依止善知識的道理，一直到無學雙運的果位，整個道次第無不完備。內容以彌勒菩薩《現觀莊嚴論》與印度阿底峽尊者《菩提道炬論》二書爲架構，廣納三藏十二部經典精要而寫成，數百年來是藏地必須修習的論典，至今已被迻譯爲多國文字，成爲世人修道的指引。

宗喀巴大師
15-16世紀 西藏布達拉宮
宗喀巴大師，是格魯派祖師，最大的貢獻是改革西藏佛教，規定僧侶持戒、禁婚。他同時也是精通顯密、學修兼備的大修行人，著提倡循序漸進的修行次第，影響後人甚大，因此被藏人視爲是文殊菩薩的化身。身著袈裟的宗喀巴，也持有和心經、智慧劍。（鴻禧美術館黃華源、王順成攝）

傳說薩迦班智達也是文殊化身？

寧瑪派的龍欽巴尊者、薩迦派的薩迦班智達大師、格魯派的宗喀巴大師，
並稱為「雪域文殊三尊」。

　　薩迦班智達（Sakya Pandita），藏名貢噶嘉讚（Kunga Gyeltsen，1182 -
1251），為薩迦四祖，他曾以文殊般的智慧，力辯多位外道，因此被稱
為「班智達」（即「智者」之意）。他曾代表西藏拜會元朝政府，使薩迦教派
掌握西藏的政教權。藏人認為薩迦班智達也是文殊菩薩的化身。

薩迦班智達
20世紀 西藏札什倫布寺
薩迦派歷代祖師也是文殊的化
身，薩迦班智達是薩迦四祖，最
大的事蹟是結束西藏數百年來的
分裂割據局面，建立政教合一的
政府。此幅為珍貴的緙絲唐卡。
（王露攝）

▌力辯外道，著作《薩迦格言》

　　薩迦班智達生於宋孝宗淳熙九年
（1182），幼年時，即隨伯父札巴堅贊
（薩迦三祖）受優婆塞戒，學習薩迦歷代
傳承的顯密佛法。九歲就開始為人說法
誦經，二十三歲時，依止多位上師修學
大五明（工巧明、醫方明、聲明、因
明、內明），以及小五明（詩、詞、韻、
戲曲、曆算）等，不僅自身學習精通，
更帶動藏人學習五明的風氣。

　　二十七歲時，薩迦班智達依止迦濕彌
羅國釋迦室利大師，受比丘戒，同年，
造《正理藏論》與《三律儀差別論》等，
盡破當時惡說邪執。除了精通薩迦各種
教法，薩迦班智達對於噶當派、希結派
等其他教派的教法，也相當通達，因而
被稱為「薩迦班智達」。

　　據說當時有一批以措傑噶瓦為首的外
道，從印度來到西藏，要求與佛學知識
淵博的薩迦班智達辯論，於是雙方進行了十三天的辯論。薩迦班智達將
措傑噶瓦駁倒，誰知措傑噶瓦運用神變，向空中飛去……。後來在擁有
神通的達恰仁波切援助下，終於將措傑噶瓦降伏，並使其皈依座下。從
此，薩迦班智達聲名大噪，三十五歲任薩迦寺教主。

　　薩迦班智達是位學識淵博的大學者，在藏族歷史上享有極高的聲

譽。他一生著作很多，後人輯爲《薩班全集》三函，其中對西藏佛教最具有影響的是《三律議論》、《智者入門》、《正理藏論》等，特別是《薩迦格言》，全篇分爲九章，收錄格言詩 457 頌。這是依據藏族社會的倫理觀念所寫的格言集，對於藏族文學形式的發展有重大的影響，不僅在藏族廣泛傳誦，而且翻譯成漢、蒙等多種文字，流傳甚廣。

▋建立西藏政教合一的地方政府

薩迦班智達所處的年代，正是蒙古族軍事力量在中國北方崛起的時期。淳祐四年（1244）應西涼成吉思汗之孫——廓丹汗（1206-1251）之請，前往涼州商議西藏歸附蒙古事宜，派兩位侄子：八思巴（1235-1280）與恰納多吉（239-1267）先行，自己則與西藏各地首領聯絡協商歸附條件。

淳祐六年（1246）薩迦班智達至涼州，次年與廓丹汗相會，待商妥條件後，向藏衛各地僧俗領袖闡明蒙古對西藏降順後的政策等。由於他與八思巴的奔走，從而結束西藏地區四百年分裂割據的局面，建立西藏政教合一的地方政府。

西元 1251 年，薩迦班智達圓寂於涼州，時年七十歲。

◉ 藏傳佛教四大教派

派別	寧瑪派（紅教）	噶舉派（白教）	薩迦派（花教）	格魯派（黃教）
創立年代	八世紀	十一世紀	十一世紀	十五世紀
創始者	蓮華生大師	馬爾巴	昆袞就嘉波	宗喀巴
貢獻與地位	藏傳佛教之法源，之後才依次分演出噶舉、薩迦、格魯等諸派別。大多從印度傳入的佛法經典，都由蓮花生大師在桑耶寺譯爲藏文。	首創西藏轉世活佛制度。從密勒日巴的弟子岡波巴開始，該派就形成強大的寺院組織系統，並擴展至西藏和中亞。	屬父子傳承，四祖薩迦班智達於十三世紀隨著蒙古大汗忽必烈的興起，而成爲西藏史上第一個掌管政權的宗派領袖。	宗喀巴倡導先顯後密的道次第，主張僧眾嚴持教規，崇尚苦行，禁止娶妻。採取轉世制度，出現「達賴」和「班禪」兩大活佛體系，至今仍是西藏最大的教派。

寧瑪派的龍欽巴尊者也是文殊化身？

十四世紀的龍欽巴尊者是寧瑪派最偉大的導師之一，也是西藏佛教文學史上最傑出的作者，深受西藏四大教派的尊崇。

▌一生修持、教學與著述成績斐然

龍欽巴（Longchen Rabjampa，1308-1364）生於西藏北部優如札高地燕利村，誕生前，母親夢到一隻大獅子，額頭上現出日月，照耀三界，而後融入她的身體。1308年3月3日，龍欽巴降生，相好莊嚴，並有種種瑞相發生。

龍欽巴自小即能憶念前生、聰穎過人。五歲時，跟隨父親受學密法，學習醫藥、曆書等學問。九歲時，念誦二萬誦、八千誦的「般若經」數百次，就能銘記且領會經義。十二歲，在桑耶寺出家，研習佛法戒律。十四歲起，參學專門講經的寺院，學習新、舊派教理，並修行密法，得甚深禪定。十九歲時，離開桑耶寺，並在當時西藏最著名的學府──桑樸乃托學院參學。在此六年間，龍欽巴深入研究「慈氏五論」、陳那與法稱的因明典籍、中觀和般若經典，也追隨著名的譯師羅哲奠丹，研究《三昧王經》、《五深妙法經》與《心經廣論》。

此外，龍欽巴精進地觀想文殊、不動佛、妙音佛母、白金剛亥母等法，龍欽巴因而獲得無礙智慧，並得到無畏辯才，對於一切經教與五明處等學問通學無礙，而以「廣通經義者」聞名。在這十年內，龍欽巴學得所有當時各宗派最重要的傳承教法，使他成為最有學問、最具辯才的著作家與教授師，被稱為「語自在」。

二十八歲時，龍欽巴決定退隱，以修持所學過的法。在閉關一年中，龍欽巴深入禪定，以接受最高的大圓滿教法。翌年，他追隨著名的上師咕瑪拉札修學，得到「大圓滿心要」的教法與灌頂；後接受更高的灌頂與三種大圓滿教法。

三十一歲起，龍欽巴開始長期雲遊各地，從事修持、教學與著述的工作，他興建或重修了許多寺院，並寫了二百七十多種著作，至今留存下來的有二十五種，其中最重要的著作是《龍欽七寶藏》，以多種角度，詳盡地闡揚大圓滿心要，將寧瑪巴大圓滿法發揚到最高境界。

▌為世間留下珍貴的教法

西元1363年，龍欽巴五十六歲，預知時至，告訴弟子們：「長久以

來，我深深了解六道的真相，對我而言，世法是不值得追求。如今我準備脫離這無常的軀殼了，因此我將只宣說那些真正有用的教法，你們要好好地聽！」在這最後的一年，龍欽巴對親近的弟子傳授無上甚深的教法，建立法脈。

西元 1364 年 1 月 24 日（藏曆 12 月 18 日），龍欽巴在弟子們的圍繞下圓寂。他面貌栩栩如生，遺體於彩虹環繞下二十五天不壞，寒冬之際，大地溫暖、冰雪融化。火化時，其身、口、意合併成三股金剛杵，並留下眼、舌、心舍利，顯示龍欽巴已證得五方佛的純淨智慧。

每年藏曆12月18日，各地寧瑪派的傳承道場舉行法會紀念這位偉大的聖者，並讚頌：「您是三世諸佛智慧的總集，像太陽光一樣遍滿虛空法界，龍欽巴大師，我向您祈請無上的智慧，請您加持！」可見其對藏傳佛教影響深遠，即使到今天，龍欽巴尊者圓寂後已六百四十年了，他的教法在世界各地仍弘傳而廣受奉行。

龍欽巴尊者一生修行獨特恢弘，綜合了數世紀以來印度、西藏各宗派教法的心要大成，他的著作浩瀚如海，涵蓋了中觀、般若、大手印、大圓滿等無數深奧的教義，對後世修行者有極大的貢獻，他被後人尊為文殊菩薩智慧的化身。

文殊菩薩的象徵持物：經書與智慧寶劍
寧瑪派著名的伏藏大師龍欽巴尊者也是著名的文殊化身，因此可以在龍欽巴的圖像上看到文殊的辨識物經書與劍。

想認識文殊可以閱讀哪些經典？

與文殊有關的經典十分龐雜，我們依據文殊的身世來歷、法義教導和教化故事等三個主題，整理出下列表格，提供有興趣閱讀文殊經典的人參考：

主題	經名	出處	主要敘述的內容
身世來歷	《首楞嚴三昧經》	姚秦・鳩摩羅什譯，《大正藏》第十五冊。	文殊是久遠劫以前的古佛，在南方平等世界，名為「龍種上佛」。
	《文殊師利般涅槃經》	西晉・聶道真譯，《大正藏》第十四冊。	文殊是釋迦牟尼在世時的婆羅門，後來跟隨釋尊出家。
	《放缽經》	晉失譯，《大正藏》第十五冊。	文殊過去世曾為釋迦牟尼佛之師
	《諸法無行經》	姚秦・鳩摩羅什譯，《大正藏》第十五冊。	文殊過去曾因毀謗佛法而入地獄
法義教導	《維摩詰所說經》	姚秦・鳩摩羅什譯，《大正藏》第十四冊。	1. 維摩詰生病，文殊探病。 2. 文殊與維摩詰問答大乘法義，以及不二法門的真諦。
	《文殊師利淨律經》	西晉・竺法護譯，《大正藏》第十四冊。	文殊來自寶相佛土，重於第一義諦教導，即「不二法門」。如菩薩的正行，是五逆、凡夫法等。生死、涅槃等如虛空無有別異，是「無二」。
教化故事	《如幻三昧經》	西晉・竺法護譯，《大正藏》第十二冊。	在五百弟子修行涅槃的關鍵時刻，文殊竟持劍殺佛的故事。
	《文殊師利現寶藏經》	西晉・竺法護譯，《大正藏》第十四冊。	文殊夏安居外出與淫女、小兒廝混，大迦葉將文殊逐出僧團的故事，目的在闡述談菩薩度眾有種種方便法。
	《文殊師利佛土嚴淨經》	西晉・竺法護譯，《大正藏》第十一冊。	文殊已具備了十力、十地，為什麼不成佛？文殊說無礙眼所見，皆是文殊所化度的，等一切眾生成佛，文殊才成佛。

檔案 46

上網也可以拜訪文殊菩薩！

以前讀佛經必須到佛教圖書館或寺院翻閱大藏經才行，現在由於網路的便利，只要上網就可以看到大藏經了！

▌網路免費下載、閱讀大正藏

中華電子佛典協會（CBETA）已發表《大正藏》校勘版、《卍續藏經》數位化成果與讀經工具，內容除了近億字的全文資料庫外，更提供多種藏經版本的校勘資訊，以及讀經與檢索等功能。讀者可於網路上免費下載、瀏覽、檢索，也可以寫信向中華電子佛典協會索取免費結緣的《大正新脩大藏經》第一冊至第五十五冊暨第八十五冊光碟。網址是 http://www.cbeta.org 。

中華電子佛典線上藏經閣網頁

▌善用入口網站搜尋文殊

入口網站是現代社會最方便快速的資訊搜尋器，若能加以利用，那麼可以成為搜尋資訊的一個便捷來源。在這裡特別推薦「Google」入口網站，對於不了解文殊卻想探尋文殊世界的讀者是一個很方便的搜尋工具。以下介紹 Google 網站的簡易使用步驟：

步驟 1

鍵入 Google 網址：http://www.google.com.tw/，進入 Google 中文網站。在「搜尋欄」內鍵入「文殊」字詞進行搜尋。

步驟 2

短短三到五秒內即可找到 7 萬 8 千多筆的文殊資料。接下來，你可以在此視窗最下面點進「在此搜尋結果的範圍內查詢」一欄。

步驟 3

於「在此搜尋結果的範圍內查詢」一欄輸入第二個關鍵字，進行更精確的搜尋，例如輸入「維摩詰」三字。

步驟 4

網頁將會顯示出 150 多筆「文殊＋維摩詰」的網上資料。選擇你想閱讀的資料進去閱讀。

要如何持誦文殊心咒？

經常念誦的文殊咒語有「一字眞言」、「五字眞言」、「六字眞言」、「八字眞言」等短咒，以五字眞言最爲盛行，一般稱爲「文殊心咒」。格魯派宗喀巴大師自小誦念文殊心咒，大部分的西藏小孩也會誦念文殊心咒，文殊代表佛陀的般若智慧，受持文殊心咒，能開啓智慧。

咒文

唵阿囉跛者曩地（om a ra pa ca na dhih）

《大正藏》所收與文殊心咒有關的經典共有六部（經號1171至1176），其中五經爲不空所譯，一經爲金剛智所譯。文殊心咒梵語發音爲「唵 阿 囉 跛 者 曩 地」（om a ra pa ca na dhih），除去起始語的「唵」字及最後一個種子字「地」，中間共有五字，因此稱「五字眞言」。

持咒功德

在《金剛頂瑜伽文殊師利菩薩經》提到，持誦文殊心咒的主要功德爲：罪障消滅，獲無盡辯才，所求世間、出世間事悉得成就，離諸苦惱，五無間等一切罪障永盡無餘，證悟一切諸三昧門，獲大聞持，成阿耨多羅三藐三菩提等。該經又說：「一切如來所說法，攝入五字陀羅尼中，能令眾生般若波羅蜜多成就。」所謂「般若波羅蜜多成就」，即智慧成就。難怪一般佛教徒會認爲持誦文殊心咒可令人獲得智慧成就，且持此一咒就包含一切如來所說法。

文殊菩薩是智慧的象徵，修持「文殊咒」除了可得大智慧，以破除煩惱與障礙之外，也能給予我們俗世所需要的智慧力量。正值求學階段的學生，可以禮拜文殊菩薩像或持誦文殊心咒，祈求得到庇佑，增長智慧，考取理想學校或完成學業。即使是一般人，在日常生活和工作上總有種種問題需要面對，或是面對生命中的重要抉擇時刻，都需要足夠的智慧來尋求解決之道，平時若能誦持文殊心咒，定能開發智慧，破除愚癡無明。

持誦法

在平時行、住、坐、臥當中，皆可持誦文殊心咒，持誦時身心清淨。咒語是諸佛菩薩修持得果的心髓，所以有大力量，修持咒語貴在誠心，要相信咒語的力量，念到純熟，一心不亂時，自然能感受到咒語的力量。藏傳佛教不同教派、師承有不同的持誦法，可依各人因緣選擇師承或教派，依其方法學習持誦。

此圖是文殊菩薩的五字心咒「唵阿囉跛者曩地」，咒輪由十二點鐘位置開始順時鐘方向爲「唵-阿-囉-跛-者-曩」，正中心爲「地」，這是文殊菩薩的種子字。

眾生最適合的修持法門是什麼？

文殊菩薩智慧甚深，他向娑婆眾生推薦的修行法門卻是觀世音菩薩的「耳根圓通法門」。他認為娑婆眾生六根靈敏，其中又以耳根最利，從耳根起修是最方便易行之法。

這故事讓我們回到《楞嚴經》來看：

有一次法會，佛陀問諸大菩薩及諸大阿羅漢：「你們是依據什麼方法修行都得到解脫、成就聖道？」這次的法會宛如一場武林大會，個個使出混身解數，有二十五位菩薩和阿羅漢輪番上陣，向佛陀演示自己的解脫修行法門。

他們有的是從「六塵」（色、聲、香、味、觸、法）上起修，像是憍陳那等五比丘、摩訶迦葉等，就是由此證得解脫。有的是從「五根」（眼、鼻、舌、身、意）起修，例如阿那律、須菩提。而也有從「六識」（眼、耳、鼻、舌、身、意）修行的，像是舍利佛、目犍連。還有的則是從「七大」（地、水、火、風、空、識、根）修行，如虛空藏菩薩、彌勒菩薩等。

最後輪到觀世音菩薩，他說：「恆河沙劫以前有古佛名觀世音，我於佛前發菩提心，觀世音佛教我從聞、思、修，入三摩地。從最初聽聞外在的音聲，反過頭來聽聞音流的本質，自性為何？覺悟到音聲的本質是無自性，是緣起性空的。在剎那間，便超越了世間、出世間與此岸、彼岸的分別，而得到十方圓明的聞性。」

觀音菩薩所修的耳根圓通法門，藉由專注一心聽聞外在的音聲，而返聞內在的聞性，進而契悟自性成無上道。由於修行的功德力，因此能遍聞世間一切有情的音聲。只要眾生有難，一心虔誠稱觀世音聖號，便即時尋聲救苦，解除熱惱。

這時，佛陀欲令阿難開悟，問文殊菩薩：「這二十五種修行法門中，哪一種最容易成就？」文殊菩薩特別稱讚觀音菩薩的耳根圓通法門，方便易成就，最適合阿難以及末法眾生修學。

耳根圓通法門，是藉由「耳根」入手修「聞性」。憑藉人類的感官之一「聽覺」的「耳根」，比直接觀照五蘊皆空，還來得具體且容易入手。此法是過去諸佛所成就的法門，甚至文殊菩薩也說自己是從「耳根圓通」法門證悟的呢！

如何修持文殊法門？

> 儘管文殊菩薩認為，最適合娑婆世界眾生修行的法門是觀音菩薩的「耳根圓通法」，不過仍有許多人以修持文殊法門來增長智慧。

▌大乘經典裡的文殊法門修持法

文殊法門注重的是大乘思想、義理的傳遞，對於實際的修持法提到的並不多，經典中提到的文殊法門修持法有二：

1.觀文殊三十二相、八十種好：《文殊師利般涅槃經》：「若有眾生但聞文殊師利名，除卻十二億劫生死之罪。若禮拜供養者，生生之處，恆生諸佛家，為文殊師利威神所護。是故眾生，當勤繫念念文殊像。念文殊像法，先念琉璃像。念琉璃像者如上所說，一一觀之，皆令了了。若未得見，當誦持首楞嚴稱文殊師利名一日至七日。文殊必來至其人所……是故智者當諦觀，文殊師利三十二相八十種好。作是觀者，首楞嚴力故，當得疾見文殊師利。作此觀者名為正觀，若他觀者名為邪觀。」

2.稱念文殊名號：《文殊師利般涅槃經》說：「佛滅度後一切眾生，其有得聞文殊師利名者、見形像者，百千劫中不墮惡道。若有受持讀誦文殊師利名者，設有重障，不墮阿鼻極惡猛火，常生他方清淨國土，值佛聞法，得無生忍。」

◉ 妙吉祥智德贊

敬禮妙音世尊

怙主大智離二障云如日清淨極明朗	所有境界如實知故手托經篋在胸間
三有獄中所有眾生無明暗迷苦所逼	悲憫彼等皆如獨子為說六十支音語
如雷大震煩惱睡醒業力鐵鏈使解開	無明暗除為令斷盡一切苦芽持寶劍
本來清淨十地究竟功德圓滿佛子身	百一十二相好莊嚴請除心暗我敬禮

▌藏傳佛教的文殊修持法

藏傳佛教十分尊崇文殊菩薩，因此很注重文殊修持法。修持文殊法，可增長智慧，辯才無礙，口演妙法，了知諸法真實義，破除無明，開發智慧，堅固記憶。

1. 誦讀「妙吉祥智德贊」

「妙吉祥智德贊」是一篇稱頌「妙吉祥」——文殊師利功德的贊文，它的由來有個特別的故事：在古印度摩揭陀國境內有座那爛陀寺，這是一間佛教高等學府，玄奘法師也曾在那裡參學。據說寺中方丈命五百位大學者各自於其住所撰寫一篇禮贊文殊大士功德的文章，以共同討論。等到五百學者都交卷時，大家赫然發現五百篇作品竟完全相同，因此這

篇贊文被視為是為受文殊菩薩加持所成的，此後便廣泛流通至今。據說，凡以清淨心每日虔誦此希有禮贊文一、七、二十一、一百遍乃至一千遍者，能獲淨障及諸種智慧功德。

2. 修持「文殊篋劍觀」

修「文殊篋劍觀」的密宗行者，若得成就，在文字上會達到很高的造詣，且舌根甚利，辯才無礙。修此法的重點在於四個觀想，修者必須用心進入凝神專一的觀想，才能與文殊菩薩相應，開啟智慧。

程序	動作	意義
第一觀想	1. 文殊菩薩在虛空中顯現，1面2臂，右手持劍，左手持青蓮花，蓮花上有梵篋（即經書），騎獅。 2. 觀想文殊菩薩咒輪旋轉，出大白光，化為法乳灌頂行者全身。觀想無始劫所積之一切業障、罪障，化為蜘蛛、蟲蛇、蝦蟆等相，由一一毛孔出。	這是咒輪旋轉，降澍白乳甘露遍身充滿，一切無知罪業剎那間得清淨。
第二觀想	這是由咒音聲中的觀想：觀想一一咒音是文殊菩薩柔和之聲相，一一柔和咒音化為無量紅黃色之甘露，充滿十方法界，由行者之一一毛孔而灌入。	可增長一切之所智，得密教最勝義，依自力能析大智。
第三觀想	觀想種子字「地」（dhih）：十方虛空中皆現紅黃光之種子字「地」，從一一毛孔進入行者身中，行者自身變化種子字相。	此觀想可得「極快速之大智慧」。
第四觀想	1. 虛空中的文殊菩薩，右手寶劍及左手青蓮花上之梵篋均放出大光明，遍照行者周身，令一切無阻而得入深智，一切法本文義及一切法理均得明辨。 2. 再觀想行者臍輪，化為一朵蓮花，蓮花上出現「地」字，地字上現出一劍，劍上立「唵阿囉跛者曩」六字。此劍右旋，可達於口中的舌根，可得辯才無礙，一切的外道邪說可以破除之，一切辯智可獲得，這是得「口舌辯才三昧」。	這蓮花寶劍觀想，常常在自身放光，可以獲得善能著作無礙之智也。
持心咒	1. 持心咒： 「唵阿囉跛者曩地」（om a ra pa ca na dhih）108遍 2. 入三摩地	不執著功德，迴向眾生，是行菩薩道。
出定回向	將觀想功德迴向眾生	

可以到哪裡去拜訪文殊？

五台山是文殊菩薩的道場，當然是拜訪文殊菩薩的第一選擇。五台山現有寺廟39所，也是中國保存傳統寺廟最多的佛教名山。最著名的是：顯通寺、塔院寺、菩薩頂（文殊寺）、殊像寺和羅睺寺等五大禪院。

▌五台山禮拜文殊

地點	文殊像	特色與傳說
顯通寺	七尊文殊菩薩像	顯通寺是五台山中最大、最古老的寺院。著名的七尊文殊，包括：正中為「大智文殊」；前面五位從左至右，依次為西台「獅子文殊」，南台「智慧文殊」，中台「孺者文殊」，北台「無垢文殊」，東台「聰明文殊」；大智文殊後面是「甘露文殊」。
	千缽文殊銅像	五首六臂的文殊胸前捧著一只大金缽，缽內坐著釋迦牟尼佛，身後輻射伸出千隻手各捧一只金缽，缽內各有釋迦牟尼佛，所以又稱為「千臂千缽千釋迦文殊像」。
塔院寺	文殊髮塔	相傳塔內藏有文殊菩薩顯聖時遺留的金髮。
殊像寺	蕎麵頭文殊菩薩	五台山最高的文殊像。傳說在建寺時，文殊菩薩曾當空顯現，工匠順手抓來和好的蕎麵，捏出真容的文殊頭像而得名。
羅睺寺	文殊塔	傳說此處有棵松樹，曾是文殊顯聖之處。後來人們砍倒松樹，作為文殊菩薩像的塑柱，並在其上建高約三公尺的藏式磚塔。
	白文殊菩薩騎獅像	1.以上述的松木雕就，再抹泥、貼金製成。 2.臉部為乳白色；兩肩有肩花，其上分別置放經書和智慧劍；青獅座騎臥在蓮花上。
菩薩頂	帶箭文殊	相傳為文殊居處，文殊菩薩在此顯現真容。
廣仁寺	黃文殊 紅文殊	二百餘尊文殊銅像，全依藏傳佛教的規定樣式而塑。
圓照寺	文殊菩薩偈像石碑	與塔院寺文殊髮塔的神話傳說相呼應。
普化寺	老文殊	騎獅子的老文殊像，其下巴長鬍鬚，面如羅漢，是五台山文殊像中唯一的一尊。
鎮海寺	藏式風格的文殊像	文殊像為螺形髮、絡腮長鬍，極富藏風聖像的獨特形式。
觀海寺	金剛文殊	金剛文殊黑臉、黑身，九頭十八臂，是五台山唯一的黑色菩薩像。
	金剛寶塔	文殊顯聖處
黛螺頂	五台文殊	登黛螺頂朝拜文殊五法像稱為「小朝台」，登五座台頂朝拜則稱為「大朝台」。

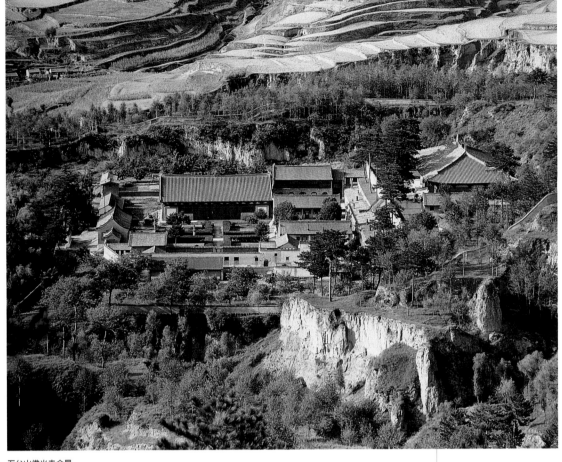

五台山佛光寺全景
佛光寺是北魏以來的古寺，曾在唐代會昌滅法時被毀，現存寺殿是滅法後重建（九世紀），它與南禪寺都是中國現存最早的木構建築。佛光寺內的文殊殿有精彩的文殊造像，值得欣賞。（王露攝）

有名的文殊寺院

地點	寺院名	特點
中國山西省五台縣	五台山所有寺院	1.中國最大的文殊道場 2.所有寺院內都供有文殊菩薩像
中國河北省避暑山莊外的獅子溝北麓	殊像寺	建於清乾隆年間（1775），仿五台山殊像寺建造，為乾隆皇帝的家廟，主供文殊菩薩木雕像。
中國河北省保定縣	閣院寺文殊殿	建於遼應歷十六年（966），為中國現存最古老、保存最完好的土木結構建築。
中國甘肅省張掖	文殊山	為文殊菩薩顯聖之處，有千佛洞石窟，壁畫可媲美莫高窟。
中國四川省成都	文殊院	相傳清康熙年間，有慈篤禪師夜放紅光，紅光中有文殊菩薩像，康熙曾御賜「空林」匾額。
日本奈良・櫻井	安倍文殊院	日本最大的文殊佛像
日本滋賀縣比叡山	延曆寺	絹本「稚兒文殊」像，是日本重要文化財。
日本九州	文殊仙寺	有「智慧之水」之稱的泉水
台灣省南投縣	中台禪寺文殊殿	由巴西白玉雕成
台灣省台南縣	噶瑪噶居寺文殊殿	四臂黃文殊菩薩

圖解文殊
——如何辨識文殊造像？

　　文殊菩薩，是顯宗著名的四大菩薩之一，也是密宗著名的八大菩薩之一。他代表一位已經證悟最高智慧的古佛，卻以年輕菩薩的身分來到娑婆世界，幫助人們追求並體悟解脫生死的智慧。

　　在佛教的兩大信仰系統裡，小乘佛教「唯禮釋迦，無十方佛」，只尊崇釋迦牟尼佛，沒有菩薩的觀念；大乘佛教除了強調十方諸佛的觀念外，更推崇能廣渡眾生的菩薩，因此在十方世界裡有百千億的菩薩。

　　大乘佛教又分為顯宗與密宗，顯宗是透過顯露的文字言語教導眾生，也就是釋迦牟尼佛終其一生所宣講的教法；密宗是用祕密咒語、隱含的精深文義，也就是大日如來所宣說的。因此，顯宗教主是釋迦牟尼佛，密宗教主是大日如來，他們分別開展出廣博深邃的大乘佛教世界。文殊菩薩在顯宗與密宗的領域裡，展現出各異其趣的圖像世界。以下將分別解析中國文殊、日本文殊和西藏文殊的圖像，來看看顯宗與密宗不同的造像表現。

文殊菩薩唐卡
19世紀 **西藏地區**（陸美麗提供）

中國文殊造像

中國的文殊菩薩有菩薩和比丘兩種造型，屬於顯宗造像。中國文殊最主要的辨識特徵是獅子座騎，並不是手中持物。主要的持物是如意或寶塔，持經書反而比較少見。要特別要注意的是，中國文殊並不拿智慧寶劍。

● 頭飾：文殊頭戴菩薩寶冠

● 持物：以持如意、寶塔為多，偶見持《心經》。（在中國，常見持經書的菩薩反而是普賢菩薩，他所持的經書是《法華經》。）

● 裝扮：菩薩裝扮，纓絡珠寶飾身，莊嚴華麗。顯宗也常見穿著僧衣的文殊比丘。

● 姿勢：常見以遊戲姿或禪定姿坐於蓮花台上，偶見立姿文殊。

● 座騎：常見文殊騎獅子，顯宗以獅子的勇猛象徵菩薩的智慧無比威猛。

● 獅足踏蓮花

日本文殊造像

日本的文殊菩薩，基本上是唐朝時代傳播過去的密宗文殊，最常見的造像是五髻童子文殊，五髻象徵五智，即：法界體性智、大圓鏡智、平等性智、妙觀察智、成所作智。五髻童子文殊的持物是《心經》與智慧寶劍，以禪定姿騎乘在獅子上。另有一髻文殊、八髻文殊造型。

● 頭飾：
文殊頭上結五髻
的童子造型

● 持物：
右手持智慧劍

● 座騎：
獅子，獅足踏蓮花

● 持物：左手持蓮
花、《心經》。

● 裝扮：穿著菩
薩裝

● 姿勢：以禪定姿
坐於蓮花台座上

西藏文殊造像

藏傳佛教的佛菩薩造像都有嚴謹的製作規範和象徵意涵，記載在古代經典儀軌中，畫師們必須依據經典儀軌而製作。特別是手印、持物、形相特徵是辨識諸佛菩薩的重要關鍵，只要能熟悉這三者，要辨識諸佛菩薩就不是困難的事了。

至於要如何辨識文殊菩薩，有三個步驟：

1. 先判斷身分：是佛還是菩薩？
2. 如果確定是菩薩，便進行第二個判斷：手上有什麼持物、手印？這是關鍵性判斷。
3. 再來觀察手印、姿勢、座騎等其他特徵。

1 先判斷身分：是佛還是菩薩？

判定的方法是穿著佛裝還是菩薩裝。

佛裝

通常是袒右肩衲衣或通肩衲衣，莊嚴樸素且無華麗飾物；常見於釋迦牟尼佛、藥師佛、阿彌陀佛等諸佛的裝扮。

菩薩裝

特徵是身上佩戴華麗的莊嚴寶飾，如五葉火焰冠、大耳垂飾、纓絡、臂飾、足飾、腕飾等等。這是菩薩的典型穿著，也是五方佛常見的打扮。

2 手上有什麼持物？

持物是文殊菩薩的關鍵性判斷，一定要出現持物的有三種：

●文殊菩薩的主要持物：

1 智慧劍

梵語khadga，象徵「能摧毀眾生愚癡」。

3 心經

梵語Prajnyaparamita，象徵「智慧」。智慧劍與《心經》兩種持物是文殊的辨識關鍵。

2 蓮花

梵語padma，象徵「純潔不染」或「眾生本具的佛性」。

●文殊菩薩的次要持物：

1 弓箭

梵語capa（弓）、shara（箭），象徵能除去無明愚癡。當文殊菩薩是4臂時，另一雙手分持弓與箭。

2 金剛鈴杵

梵語ghanta（金剛鈴）、vajra（金剛杵），象徵智慧與慈悲。當文殊菩薩是8臂時，第一雙手持經書與寶劍，第二雙手持弓與箭之外，第三雙手持轉法輪印，第四雙手則持金剛鈴杵。

3 再來觀察手印、姿勢、座騎等其他特徵。

1)文殊的手印

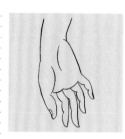

❶ 與願印

梵語 varada mudra，
右手向前於膝前，掌心
向外，象徵「施予信徒
願望」。

❷ 辨識印

梵語 vitarka mudra，
手掌在胸前舉起，拇指
和食指相接，或拇指和
無名指相接，象徵「勸
服信徒改變或悟道」。

❸ 無畏印

梵語 abhaya mudra，
右手半舉掌心向外，象
徵「不畏艱辛普渡眾生
的決心」。

❹ 轉法輪印

梵語 dharmachakra，
雙手分別拇指與食指相
接，其餘三指微彎曲，
代表「傳法與教導」。

持經書與寶劍的西藏人物

除了文殊菩薩是持《心經》與智慧寶劍的神祇之外，你也可以看見持經書與智慧寶劍的西藏歷史人物，他們被視為文殊菩薩的化身，來到這個世界上宣揚諸佛的智慧，因此他們也持有文殊特有的持物作為文殊化身的象徵。例如以下這三位赫赫有名的人物：西藏國王赤松德贊、格魯派創始人宗喀巴大師、大成就者龍欽巴，都是文殊菩薩的化身，因此在他們身上可以找到文殊的辨識持物：《心經》與智慧寶劍。

格魯派祖師宗喀巴大師

2)文殊的姿勢

諸佛菩薩的姿勢是一種身體語言，藉以傳達其特殊的屬性。

文殊菩薩常見的姿勢有四種：

3)文殊的坐騎

文殊菩薩騎乘獅子座騎。獅子的涵意是象徵文殊是大日如來的心子。

❶ 禪定坐姿

禪定坐姿的梵語vajraparyanka、padmaparyanka或dhyanasana，又稱為「跏趺坐」。雙腿盤坐，兩足心皆朝上互相交疊，一般俗稱「雙盤」，代表禪定思惟的狀態。

❷ 大王遊戲姿

梵語 maharajalilasana，梵語意為王者坐姿，類似遊戲姿，多半是左足平放在座上，足心朝上，右足舒立，重要的是足下踩著一朵蓮花。

❸ 遊戲姿

梵語 lalitasana，一足舒立，另一腿平放在座上，兩腿不相交，許多神祇經常以此姿勢騎在動物座騎上。

❹立姿

以菩薩身軀自然站立。

猜猜看！到底誰是文殊菩薩？

認識了辨識文殊菩薩的方法，接下來就來考試嘍！
下面這四位菩薩到底誰才是文殊菩薩呢？

容易混淆的四位西藏菩薩

單尊的文殊菩薩容易辨認，若作為群組
出現，或作為主尊神祇的隨從，就要細
心辨識了。藏傳佛教中經常容易被混淆
的菩薩有這四位：文殊菩薩、彌勒菩
薩、蓮花手菩薩以及四臂觀音（或稱六
字觀音）。若能仔細觀察他們身上的持
物，便可以輕鬆辨認出來。

❶ 蓮花手菩薩

手持蓮花，而蓮花上無物。若是出現在唐
卡或壁畫，多為白膚身軀。（鴻禧美術館收藏）

❷ 彌勒菩薩

手持蓮花，而蓮花上盛載寶瓶或法輪。若
是出現在唐卡或壁畫，多為黃膚身軀。

（鴻禧美術館黃華源、王順成攝）

四臂文殊

四臂文殊很容易和四臂觀音混淆，請注意觀察他們的持物：

◎四臂觀音

摩尼寶珠＋蓮花＋念珠（請見本頁右下圖的四臂觀音）

◎四臂文殊

除了《心經》、蓮花與智慧寶劍必須出現之外，還會持弓箭或持轉法輪印：

❶ 心經＋蓮花＋寶劍＋弓＋箭　　**❷** 心經＋蓮花＋寶劍＋轉法輪印

❸ **文殊菩薩**

手持蓮花，而蓮花上載著《心經》與智慧劍，或以另一手持劍。若是出現在唐卡或壁畫，有黃膚、白膚、橙膚的身軀表現。

（有容古文物藝術提供）

❹ **四臂觀音**

1面4臂，禪定坐姿，第一雙手合掌，掌中持有摩尼寶珠，另一雙手則分持蓮花和念珠。若是出現在唐卡或壁畫，則是白膚表現。（有容古文物藝術提供）

國家圖書館出版品預行編目資料

文殊菩薩小百科／釋見介撰 .- 初版 .- 臺北市：
橡樹林文化出版：城邦文化發行，
2004〔民 93〕
152 面；19×26 公分
ISBN 986-7884-34-5（平裝）
1. 菩薩

229.2   93020466

文殊菩薩小百科
—開啟智慧的菩薩

作　　者	釋見介
版面構成	舞陽美術・張淑珍
封面設計	舞陽美術
手繪圖	邱梁城

總編輯	張嘉芳
行　　銷	顏宏紋、李玲
出　　版	橡樹林文化・城邦文化事業股份有限公司
	台北市民生東路二段 141 號 5 樓
	電話：(02)25007696 傳真：(02)25001951
發　　行	英屬蓋曼群島商家庭傳媒股份有限公司城邦分公司
	台北市中山區民生東路二段 141 號 2 樓
	書虫客服服務專線：(02)25007718 (02)25007719
	24 小時傳真專線：(02)25001990 (02)25001991
	服務時間：週一至週五上午 09:30-12:00；下午 13:30-17:00
	劃撥帳號：19863813 戶名：書虫股份有限公司
	讀者服務信箱：service@readingclub.com.tw
香港發行所	城邦（香港）出版集團有限公司
	香港灣仔駱克道 193 號東超商業中心 1 樓
	電話：(852)25086231 傳真：(852)25789337
	E-mail：hkcite@biznetvigator.com
馬新發行所	城邦（馬新）出版集團【Cité (M) Sdn.Bhd. (458372 U)】
	41, Jalan Radin Anum, Bandar Baru Sri Petaling,
	57000 Kuala Lumpur, Malaysia.
	電話：(603) 90578822 傳真：(603) 90576622
	E-mail：cite@cite.com.my
印　　刷	中原造像股份有限公司
初版 1 刷	2004 年 11 月
初版12刷	2016 年 11 月

ISBN 986-7884-34-5
定價：420 元

版權所有・翻印必究 (Printed in Taiwan)
缺頁或破損請寄回更換